心理学与沟通技巧

李丰艳◎著

天地出版社 | TIANDI PRESS

图书在版编目（CIP）数据

心理学与沟通技巧 / 李丰艳著 . —成都：天地出
版社，2018.10（2023 年 12 月重印）
ISBN 978-7-5455-4069-7

Ⅰ . ①心… Ⅱ . ①李… Ⅲ . ①心理交往—社会心理学—
通俗读物 Ⅳ . ① C912.11-49

中国版本图书馆 CIP 数据核字（2018）第 155706 号

XINLIXUE YU GOUTONG JIQIAO
心理学与沟通技巧

出 品 人	杨 政
著 者	李丰艳
责任编辑	张秋红 孟令爽
封面设计	张合涛
内文排版	乐律文化
责任印制	王学锋

出版发行 天地出版社
（成都市锦江区三色路 238 号 邮政编码：610023）
（北京市方庄芳群园 3 区 3 号 邮政编码：100078）
网 址 http://www.tiandiph.com
电子邮箱 tiandicbs@vip.163.com
经 销 新华文轩出版传媒股份有限公司
印 刷 三河市嘉科万达彩色印刷有限公司
版 次 2018 年 10 月第 1 版
印 次 2023 年 12 月第 3 次印刷
开 本 925mm×660mm 1/16
印 张 17
字 数 174 千
定 价 59.80 元
书 号 ISBN 978-7-5455-4069-7

前　言

在家庭中，我们需要和家人进行沟通，使家庭的关系更为和睦；在工作上，我们需要和同事沟通，使我们更便捷高效地完成工作；在日常生活中，我们需要和朋友沟通，营造良好的人际关系。在这个"人脉即是商脉"的时代中，沟通已经成为人类生存和发展过程中尤为重要的一门必修课。而掌握一定的心理学知识，有助于我们提升自己的沟通技巧，改善我们的工作与生活，提升快乐感与成就感。

从心理学角度看，人是群居动物，每个人都有被他人了解的需求和渴望。许多罹患精神分裂症的人之所以选择自杀，就是因为没有人能够了解他们的感受、与之进行有效沟通。在有关精神分裂症的动画短片《91公分之外》①中，主人公亨利看到一块一百五十吨重的陨石朝着自己飞过来，陨石没有击中他的身体，而是砸到了对面楼的天线，但亨利却发现自己的意识与肉体发生了九十一厘米的偏离。亨利无比恐慌，但没有人能够体会他的感受，就连心理医

---

① "公分"为"厘米"的旧称，为尊重该作品名称，此处保留"公分"。（编者注）

生都不相信他所说的话。在这个世界上他是孤独的，没有人和他交流，也没有人愿意试着了解他的困境，他只能依仗自己的力量。他本打算借助陨石的力量使自己的意识和生活回归原位，但不幸的是，当他第二次被陨石击中的时候，他发现自己在精神偏离肉体的基础上，又沉降了七十五厘米。最后，孤独的亨利在楼上纵身一跃，终结了自己的生命。

著名的现实主义戏剧作家萧伯纳说过："你有一个苹果，我有一个苹果，彼此交换一下，我们仍然是各有一个苹果。但你有一种思想，我有一种思想，彼此交换，我们就都有了两种思想，甚至更多。"沟通，就是人们交换思想的过程。为了达到一个双方都认可的目标，把彼此的信息、思想和情感相互传递，感受对方的心理体验，产生一定的共鸣并达成目标，这就是沟通的目的，也是心理的必需。

心理学家认为沟通在我们生活中所起到的作用，并不像我们所想的那样单一，高品质的沟通常常会带来高品质的生活。对于个人来说，良好的沟通能够为我们带来稳固的友谊，令我们的精神状态积极健康，心情愉悦。在工作中，高效的沟通能够极好地拓展我们的人际关系，减少人与人之间的误解，让我们在职场上获得更多的与他人合作和发展自身的机会。在企业管理中，沟通也是管理工作的灵魂和企业发展的基础。在管理学中有这样一个观点：70%以上的管理问题都是沟通问题。也就是说，良好的沟通至少可以帮我们解决70%的问题。良性沟通不仅能够显示出对他人的尊重与信任，使之产生归属感，有效地增强企业的凝聚力，还能够节省时间、减少重复的工作，提高工作效率。

　　本书结合心理学知识，从诉说、倾听、非语言、职场、情感、幽默、自我这几个角度对沟通的方方面面进行了详细而深刻的阐述，将简单实用的沟通技巧一一介绍，以飨读者。我们都应该以认真端正的态度重新认识沟通，正视并妥善地运用心理学沟通技巧，如此才能够让我们的生活更加轻松、简单和美好。

目　录

Part3 非言语沟通——此处无声胜有声

Part4 职场高效沟通——七招升职必杀技

说是艺术——魅力说之道

　　说话是一门艺术，需要智商，更需要情商。不管你是天性木讷、不善言谈的内向性格，还是自我感觉良好到想不搭理谁就不搭理谁的外向性格，都绝对不能随心所欲、目光短浅地应对所有沟通，那些想用"呵呵"二字以不变应万变的懒人，他们的情商急需提高。

"呵呵"与"哦"——无回应的绝境

互联网的普及使得人们尤其是年轻人，对网络的依赖逐渐增强，如今网络聊天工具已然取代了常规意义上的联络手段——书信、固话、短信等，成为人们生活中必不可少的一部分。可是，人们在享受网络聊天带来的便利与快捷的同时，也不得不承受某些网络聊天用语带来的心理绝境。

一项名为"最伤人聊天词汇"的网络调查显示：在网络聊天时，"最让人不爽的词"莫过于"呵呵""哦""额"等词汇，其中"呵呵"以绝对优势摘得桂冠，成为公认的"最伤人聊天词汇"。为此，有网友略带酸楚和无奈地讽刺道："流言止于智者，聊天止于'呵呵'，分手缘于'哦'。"

面对面的沟通交流中，笑声无疑是最具有反馈愉悦功能的信号，笑声可以抒情，还可以用来调节气氛，一旦交谈出现尴尬、僵持的状况，笑容是最有效的救命稻草。在这种情境下使用诸如"呵呵""哦""嗯嗯"等拟声词可以让枯燥的聊天变得有趣，让心情变得放松、愉快。因此在网络聊天时，"呵呵"经常会作为模拟笑声的应答语，代替面对面交流时双方发出的笑声和展露的笑容。

这本是从现实语境到网络语境的平行迁移，为何它会成为"聊天终结者"，成为最伤人的聊天词汇呢？这个应该和"呵呵"在使用过程中的含义更迭及这种变化带来的"无回应绝境"有关。正常情况下，"呵呵"的含义表示开心、欢喜和满意，如同平日常见的词语"呵呵笑""乐呵呵"，最初应用在网络聊天里的"呵呵"的含义也是如此，用来表达友好和亲善。不过，放在特定的语境和心境下，同样一个词汇的含义便会发生变化。举例来说：

甲：你一个月薪水有多少？买房了吗？有心仪的对象没有？

乙：呵呵。

很显然，乙的意思不是"呵呵笑"那么简单。甲问了一系列关乎个人隐私的问题，乙出于情面不好直接拒绝——询问者可能是七大姑八大姨，也可能是受人尊敬的长辈，便用"呵呵"来打了一个马虎眼，一方面礼貌地化解了尴尬的气氛，另一方面也有效地保护了自己的隐私。可以说，"呵呵"在这里发挥了一个含蓄拒绝、躲避话题的功能。

只是如此，至于当选"最伤人词汇"吗？那要看人们还在什么场合使用它了。实际上，"呵呵"成为最伤人的网络聊天词语，也是因为它是被使用频率最高的词语。很多人会在不知道该说什么时用"呵呵"，在无奈时使用"呵呵"，在自嘲时使用"呵呵"，在尴尬时使用"呵呵"，在内心五味杂陈时也使用"呵呵"……总之，只要遇到任何不喜欢、不愿意面对、无法面对的情况，"呵呵"便成了万能灵药，仅仅两个字，便传递出最强大、最意味深长的含义，"呵呵"的伤人之处也从这里生发出来。正如下面这个例子所示：

甲：在吗？

甲：忙什么？

甲：听说楼下新开了一家鱼火锅，这个周末我们去尝一下怎么样？我在网上调查过了，网友都说那里环境很好，菜品也不错，最重要的是这个月有折扣，超划算！

乙：呵呵……

此处的"呵呵"，看似云淡风轻，但在问者热情、答者冷漠的强烈对比之下，发挥出了无异于能够杀人于无形的六脉神剑的强力。网络聊天时，一方辛辛苦苦地打了一堆字，等待半天，另一方回应一个"呵呵"敷衍了事，或让人捉摸不透，或让人黯然神伤，或让人暴怒跳脚。总之，"呵呵"一出，期待被无视，热情被践踏，赤诚之心受到了伤害，友谊的小船甚至会说翻就翻、沉入茫茫大海。至于"哦""额"，它们和"呵呵"的功能相近，其杀伤力因人而异，但本质是一样的。

归根结底，人们对这类词汇如此"不爽"，是因为它们代表着一个话题的结束。作为应答用语，它未提供任何有效信息，更严重的是，它无法满足发问者的心理期待，将发问者置于一个"零回应"的绝望之地。沟通、交流、对话，皆为了促进信息的交流，你说我听，我听你说，语言在流动，情感也在流动，这便是信息与情感的"礼尚往来"。"呵呵"的出现则代表只有"往"，没有"来"，试问热情满满的一方怎么会不反感、不气愤、不暴跳如雷呢？

任何人都不喜欢在沟通中被无视、冷落，偏爱坦诚的人宁愿听到"我不想聊了"，也不想被对方拿"呵呵""哦""额"这些既冷漠又假惺惺的词语敷衍了事。当然，也有一部分人喜欢"呵呵"这个词语，认为"呵呵"是一个很有意思的用法，简洁又方便，在他们忙于手边活计，又不好意思直截了当表示拒绝时，就"呵呵"一下——这些人可能会被评为"最令人不爽的家伙"。

日常里的聊天，随便"呵呵"两下无足轻重，然而在商务对话、职场对话中，若随便敷衍以"呵呵"或其他同类网络聊天用语，可能会由此生出灾祸。电影《杀死比尔2》中便有一段"呵呵引发的血案"：话说，白眉道长礼貌地向少林方丈问好，方丈没有回礼、没有说话，只在心中道出"呵呵"二字，对眼前人物未做理睬。第二天，道长要求方丈为前日失礼自刎谢罪，否则便血洗少林。方丈当然不会遂他的意，于是少林寺六十名僧人无一幸免，皆死于白眉道长手下。电影情节固有夸张、离奇的成分，不过少林寺的悲剧不失为一个教训。

说话是一门艺术，需要智商，更需要情商。不管你是天性木讷、不善言谈的内向性格，还是自我感觉良好到想不搭理谁就不搭理谁的外向性格，都绝对不能随心所欲地应对所有沟通，那些想用"呵呵"二字以不变应万变的懒人，情商急需提高。沟通技巧和交流能力的培养，并不只限于网络聊天和戏剧艺术，它是影响深远的人生课题，需要我们用心修炼。

纠结"你"与"您"——沟通礼先行

　　春秋时期齐国著名的政治家、军事家管仲曾说过这样一句话："仓廪实而知礼节，衣食足而知荣辱。"意为：当过上了粮仓充实、衣食饱暖的生活之后，人们就可以顾及礼节的问题，就会看重有关荣誉和耻辱的事情。这句话本是管仲治国的主张，在他自强求富的指导思想下，齐国人民生活富裕，府库财富充盈，礼仪得到发扬，政令畅通无阻，齐国的国力空前强盛，成了春秋第一霸，历史上也有了齐桓公"九合诸侯，一匡天下"的记载。管仲的这句话被司马迁记录在《史记》中，为世人所津津乐道。

　　《论语》上说，"不学礼，无以立""道之以德，齐之以礼"。礼，也是儒家思想的核心之一。

　　曾子是孔子的弟子，有一次曾子在孔子旁边坐着闲谈，孔子问他："以前的圣贤之主有着至高无上的德行和精要奥妙的理论知识，用它们来教导天下人，人们就能够和睦相处，君臣之间也没有什么矛盾，你知道它们都是什么吗？"曾子听完孔子的话后，立刻明白孔子要把最深刻的道理教给他，他立即从席子上站起身，恭恭敬敬地给孔子行礼说："弟子愚钝，不能参悟这些道理，还请老师将这些道理教给我。"

这就是著名的"曾子避席"的故事，当曾子得知孔子要传授给他道理时，他起身避席，这一行为在古代是非常有礼貌的，表示了他对老师孔子的尊重。后来，很多人都向曾子学习，不令而从，这便是礼的可贵之处。

中国是素来以"礼仪之邦"著称的四大文明古国之一，在五千年的历史长河中，我们的祖先创造了灿烂的民族文化，进而形成了高尚的道德标准、完整的礼仪规范和优秀的传统美德。在接受教育时，我们也不止一次听到"凡人之所以贵于禽兽者，以有礼也"这样的话。在传统文化的熏陶之下，我们历来十分注重文明礼貌，力求做到与朋友相交以诚、对待父母以孝、待人接物以礼，这不仅仅是一种个人的基本修养，也是社会主义精神文明的一种标志。

可惜的是，有很多人并不明白这个道理，言谈举止失去了对礼的尊崇。

A君和B君都去参加一个朋友孩子的百天宴席。A君递上红包之后，吉祥话说了一大堆："这孩子生得真漂亮，一看就是父母基因好。"一句话，把全家都夸到了，乐得举家上下合不拢嘴。B君则不然，从一开始递完红包说了句"恭喜"之后，就没怎么说话，敷衍地走了走过场。等吃饱喝足要走了，他来了这么一句："你儿子这百天酒我吃了，将来这孩子死了可不怨我。"孩子的父母听完怒火万丈，其他宾客的笑容也僵在了脸上。

有这么说话的吗？好好一场宾主尽欢的宴席被他这么一句不礼貌的话弄得不欢而散，大家没按着 B 君狠狠地揍上一顿都算便宜他了。假设让我们在一个彬彬有礼、举止大方的人和一个粗暴鲁莽的人之间选一个进行沟通的话，想必很多人都更愿意与前者进行沟通。因为前者更有礼貌，更加表现出对别人发自内心的尊重和对自身形象的看重。

守礼有时候也能够给我们的生活带来更大的便利，当我们向陌生人、上司或者长辈询问问题的时候，这种由下至上的礼貌就显得尤为重要了。

在电影《老炮儿》中有这样一个情节：一对男女骑着车，在胡同穿行时迷路了。男的在车上、嘴里还嚼着食物，用含糊不清的话对着六爷说："我问一下，新街口怎么走？"六爷压根儿不稀罕搭理他。因为这个问路的小辈一点不懂礼貌，你向别人问路，至少要下车、用个"请问""您"之类的敬语吧。这些他全没有说，人家能给他指路才怪呢。但六爷最后还是扯着嗓子给他指了路，因为见到别人遇到困难却袖手旁观不符合六爷待人接物的规矩，这是六爷的礼。

中国几千年的历史长河中，从来不缺乏名人守礼节、以礼待人从而实现高效沟通的故事。

汉高祖刘邦的军师张良就是一个非常懂礼节的人。张良的祖先是韩国人，秦国灭掉韩国之后，张良立志要为韩国报灭国之仇，为此他组织了对秦始皇的谋杀，结果谋杀失败，秦始皇派兵追捕，张良逃到了下邳。

在下邳避居的时候，张良闲来无事经常去下邳桥散步。有一次，张良遇到一位老人，他穿着朴素，却非常有精神。老人走到张良旁边，故意把鞋子掉在了桥下，对张良说："年轻人，我的鞋子掉下去了，你下桥去帮我捡上来。"张良一听老人颐指气使的语气，心里有些不舒服，但看对方是一个须发皆白的老人，就没有计较老人的无礼，忍着心中的不快下桥帮老人把鞋子捡了回来。老人得寸进尺地伸出脚，命令道："我老了，弯不下腰，你给我穿鞋。"张良心想，反正都已经帮他把鞋捡上来了，帮他穿上又有何妨。于是便将他当作自己的长辈，跪下来小心翼翼地给老人穿上了鞋子。

老人穿上鞋之后，乐不可支地下了桥，张良目送着他离去的背影。没走多远，老人回过头说："我看你这孩子是个可塑之才，五天之后的早上，你在这个桥上与我碰面吧！"张良跪下来顺从地回答道："好的。"

到了约定的那天，天刚蒙蒙亮，张良就急忙赶去下邳桥，不料老人来得比他还早。老人见到迟到的张良，生气地说："我年纪这么大都能及时赶来，你年轻力壮的，见长辈怎么能来得这么晚！我们五天之后的早晨再相见吧！"说完，老人拂袖而去。

第五天早上，鸡叫过一遍，张良便起身往下邳桥赶去，但老人仍旧比他来得早。老人非常生气："上次和你说了要早点来，你怎么又来晚了？五天之后你再过来吧！"说完老人又走了。

张良这一次长了个心眼，半夜就去了下邳桥，在桥上等着老人过来。很久之后，老人终于来了，见到早早就到来的张良，老人显得非常开心，称赞道："年轻人就是要这样才好。"

说罢，他从怀里掏出一本书来，递给张良并对他说："你认真研读这本书，等你把这本书读透了，就能够当帝王的老师了，待到将来天下局势大变的时候，它能助你建功立业。十三年后，你在济北郡谷城山下能看到我——那儿有块黄石就是我了。"张良看了看手里的书，意外发现这本书居然是姜太公辅佐周武王伐纣的兵书，等他惊喜地抬头寻找老人时，四下已无老者的踪影。

张良回去之后，拿着这本名为《太公兵法》的书一遍一遍地翻阅，一字一句地细细研读。十年之后，陈胜、吴广起兵反秦，张良也组织了一批人马响应。当时，沛公刘邦率兵占领了下邳附近的土地，张良就归附了刘邦。在与秦兵作战时，张良时常根据《太公兵法》中的内容向刘邦建言献策，立下了很多功勋。刘邦称帝之后，功勋卓著的张良在论功行赏时被封为留侯。

张良始终记得将这本兵书传给自己的老人，当他跟随刘邦行军经过济北郡谷城山下时，果然看到了山脚有一块黄石。张良命人将这块黄石运了回去，尊称这块黄石为"黄石公"，并将这块儿黄石当成珍宝供奉起来。

从孔融让梨到程门立雪，从曾子避席到张良拾履，无不是在说"礼"的重要性。礼虽然没有逐条逐项的规范，却切切实实地存在于每个人的心里。生活中，我们也常常会把"礼"字挂在嘴边，会说"非礼勿视、非礼勿听、非礼勿言"这样的话，但"礼"究竟是什么？又该如何界定呢？

礼，其实就是我们待人接物时的规矩。中国有句古训叫："君子不失色于人，不失口于人。"意思是说，有道德的人待人应该彬彬有礼，不能态度粗暴，也不能出言不逊。简言之，我们在待人接物时要守礼节。礼节其实就是礼貌、礼仪，这是我们在生活和社会交往中约定俗成的，是我们维系社会正常生活时每个人都需要遵守的最基本的道德规范，它涵盖了生活的各个方面，比如沟通、穿着、情商等。

从沟通方面来说，礼仪是社会交往的黏合剂。在与他人交往的过程中，我们根据各种各样的礼仪规范来塑造个人形象，准确地把握人际交往的尺度，处理人与人之间的关系，极大程度上做到了避免自己进退失据、失了分寸。在与新朋友沟通时，得体的穿着是礼仪，大方的举止也是礼仪，而这些礼仪会轻而易举地令他人对我们产生好感，更容易令我们获得他人的认可和接受，拉近与新朋友的距离。对于老朋友而言，礼仪能加深彼此的情感、获得别人的尊重和信任。当我们待人接物遵循礼仪的时候，不仅能够提升我们的个人形象，还会帮助我们与他人达成相互理解、相互尊重、和谐相处的状态，在促进个人身心健康发展的同时形成一种良好的社会风气。

如利剑出鞘——声音特质之重

生活中，我们需要和很多人进行沟通，这些人的身份具有多样性，性格、习惯和立场也各不相同，在沟通时给我们带来的体验也各具差异。所以在日常经验潜移默化的影响之下，我们很容易下意识地分辨出某句话是出自何人之口。

比如，当我们听到有人说"您好""欢迎光临""我能为您做些什么"时，我们能快速地判断出说这些话的是从事服务行业的人，这是他们的职业特点——彬彬有礼、随时待命；而"具体怎么实施我不管，我要看到的是成果""我再耽误大家两分钟的时间""你把相关资料准备一下"这类话更多则出于领导者之口，因为我们大多数时候都能从管理者那里听到这样命令或指令式的话。

朋友之间相处则大不相同，没有服务行业用语中的礼貌和疏离，也没有领导者的威严，有的只是亲密无间，因此言辞中带有的情绪也更为强烈。比如，"晚上一起去撸串儿K歌呗""周末陪我去逛个街吧""最近热播的那个电视剧超好看，你一定要看下啊！"这样略带一丝撒娇、一丝霸道的话，只有在关系密切的人面前才能讲得如此理直气壮。

细心比较之下可以发现，我们之所以能够通过声音来辨人，是因为不同的人在与我们进行沟通的时候，其说话的语气、语速、音量和所表达的情绪等都是不尽相同的。国外一项调查研究显示，在人际沟通中，各种因素所起的作用是不同的，当我们与人对话的时候，肢体语言所占的比重为 55%，声音所占的比重为 38%，语言仅占 7% 的比重。可见，声音作为承载语言的载体，在沟通中所起到的作用是毋庸置疑的。

每个人的惯用音调都有其特色，有的人说话时声如黄莺出谷，音似风动银铃，一字一句都婉转动听；有的人说话则声若洪钟，令人警醒。每个人的惯用语气也有其特点，有些人说起话来和风细雨；有些人说话则掷地有声；有些人说话的方式是婉转迂回；有些人则在沟通时单刀直入，直切要害。

经常跟幼师接触的人可能会注意到这样一个现象：很多幼儿园里的教师在和小朋友们讲故事的时候，说话的语调都是非常轻柔且抑扬顿挫的，短短的一句话中往往带有极其丰富的感情；而小朋友们也更容易被这样的语调所吸引，安静地坐下来听老师讲故事。这种语言特点可以巧妙地抓住儿童的好奇心，寓教于乐，潜移默化地教授孩子如何准确地发音以及掌握大量的新鲜词汇，在无形之中令孩子懂得如何让自己的语言更富有表现力。

同样起到寓教于乐效果的声音还存在于很多优秀的动画作品中。动画作品需要声优去配音，为了丰富角色个性，很多角色的声音往往不同于现实生活中人们说话的声音，它们都是非常有特色的。就像早期蓝猫系列动画片《蓝猫淘气三千问》中，为蓝猫这一角色配音的葛平老师，字正腔圆、吐字清晰、语调夸张且强而有力就是其声音最突出的特点，而他婉转的语调也更能够引发孩子的好奇心和喜爱之情。

不同行业、不同身份、不同性格的人在沟通时，他们的声音有着不同的特点，这不仅和个人从事的行业有关，还与人的性格有着密不可分的关系。

英国第四十九任首相玛格丽特·希尔达·撒切尔素来以言辞果断、坚毅著称。有一次撒切尔夫人带人参观英国首相府，走到楼梯口的时候，客人看到墙上挂满英国历任首相的画像，但同时也发现墙上已经没有悬挂撒切尔夫人画像的地方了。客人正想开口，撒切尔夫人先声夺人，她字正腔圆地提声说道："不必担心，我会把他们全部都挤掉的。"

这霸气十足的一句话，足以让客人知道她的自信和坚定。她能说出这样的话除了因为她英国首相的身份之外，也是她的性格使然。在撒切尔夫人年幼的时候，父亲对她的教育就非常严格。她的父亲从来不允许她说"这太难了""我不能""我做不到"这样示弱的话，经常给她灌输这样的观点："无论做什么事情都要力争上游，做永远走在别人前面的一个人。"这样的教育对于一个女孩来说近乎苛刻，但正是由于撒切尔夫人谨记父亲的教诲，以一往无前的精神和必胜的信念鼓励着自己不断奋进，所以她成了英国第一位女首相，成为英国乃至整个欧洲政坛上一颗耀眼的明星。

坚毅的性格和言行为撒切尔夫人赢得了"铁娘子"的美称，但她也有着柔和且善解人意的一面。

在切克斯的宴会上，有一名女侍者在上菜的时候不下心把菜汁洒到了一位高官身上，这位女侍者慌乱极了。这时，善解人意的撒切尔夫人走到手足无措的女侍者面前，温柔地低声安慰她道："亲爱的，不要太担心，我们每个人都会犯这样的错误。"一番体贴入微的话化解了女侍者的恐慌不安，赢得了对方的感激和尊敬。

沟通是门技术活，也要讲究面对什么样的人说什么样的话。如果撒切尔夫人用回答客人时的坚毅口吻去说出这番话，是否能起到安慰作用就很难说，或许还会适得其反。举例来说，当我们下命令的时候，相比细声细气、期期艾艾的语气，斩钉截铁地说出来的话更能够令人信服。因为两者所传达的信息与言语的贴合度是不同的。当我们的声音传达出来的信息与所说的言语不一致的时候，不但不能够加强言语中所传递的信息，反而会起到相反的作用，削弱或否定我们的言辞。豪爽壮硕的将军在给众位士兵训话的时候，粗犷和响亮的声音更能够加强当权者自身的威信，坚定士兵的信心，起到鼓舞士气的作用。

由此可见，无论何种音调和语气，终究都是为语言服务的，在不同的情境之下，我们应该采取适宜的音调和语气与他人沟通。我们想要更有效地与他人沟通，不妨试着让自己的音调和语气与自己要表达的内容、要传递出的情感更为契合一些，这样才能够起到事半功倍的效果，为我们的生活带来更多的便利。

诚之者，人之道——说出你的真诚

曾经有一份调查问卷让人们回答：人在沟通中必备的因素是什么？很多人给出的答案都不一样，有的人认为沟通的必备因素是信任，相互之间的信任是有效沟通的前提条件；有的人认为是相互理解，在理解的基础上进行沟通才能够得出自己想要的结果；有的人认为是倾听，懂得倾听的人沟通起来才能够事半功倍；但更多的人认为在沟通中最必不可少的一个因素是真诚。

事实的确如此，诚为信之本，不诚则无以言信，正如儒家经典《孟子·离娄上》所说："诚者，天之道也；诚之者，人之道也。"儒家认为"诚"是天的根本属性，努力求诚以达到合乎诚的境界则是为人之道；"亚圣"孟子也认为"反身而诚，乐莫大焉"，即反省自己以达到诚的境界，就是最大的快乐；荀子也把"诚"看作是道德修养的方法和境界。真诚是儒家思想为人之道的核心，是君子立身处世的不二法门，也是古往今来世人所推崇的一种真实不欺的美德。

在我们小时候，父母和老师就苦口婆心地教育我们与人交往要真诚。如果把人与人之间的沟通交流比作盖房子的话，那么真诚无疑是一所房子的基石，只有在真诚的基础上才能衍生出信任、理解等。离弃了真诚的沟通，有时候甚至会带来信任危机、灭顶之灾。"狼来了"的故事想必大家都不陌生，但很多人都只认为这不过是一个童话故事罢了。实则没有那么简单，历史上著名的"烽火戏诸侯"就是经典的"狼来了"戏码。

周幽王有一名妃子名叫褒姒，她是中国古代四大宠妃之一，也是大名鼎鼎的祸国妖姬。褒姒原本是褒国的一个美女，周幽王带兵攻打褒国，褒国一看打不过，立刻献出美女褒姒乞降，周幽王得到褒姒之后便真的收兵回国了。虽然周幽王非常宠爱这个倾国倾城的大美女，但不知道是什么缘故，褒姒总是表现得不太开心，也不怎么在周幽王面前展露美丽的笑颜。周幽王见褒姒整日闷闷不乐非常担心，就想方设法逗褒姒展颜一笑。

周幽王身边的一个弄臣给他出了一个主意，周幽王听完后觉得不错，便按照他所说的方法行事：他令士兵点燃了附近二十多座烽火台上的烽火，一时间狼烟滚滚直入九霄。在古代没有手机、电脑这些通信工具，当边关受到外敌入侵的时候只能够通过点燃烽火台，借助狼烟报信，通知各地诸侯率领手下兵马前来勤王。

各地诸侯一看王城方向狼烟滚滚，就马不停蹄地带着兵马赶了过去。结果，这些焦急万分的诸侯到达王城时并没有看到外敌入侵的情景，一个个面面相觑。而褒姒看到这些平日里高贵威严的诸侯们在知道自己被周幽王戏耍之后愤愤不平的样子后不由地笑了起来，周幽王见状十分开心。但他不知道由于失信于诸侯，他的祸根就此埋下了。

五年之后，西夷太戎大举攻周，惊慌失措的周幽王连忙命人点燃了烽火台上的烽火，但这一次他没能等来救兵，因为上一次的欺骗让诸侯们耿耿于怀，毕竟谁也不能够确定这一次的烽火是不是周幽王又一次为了博美人一笑而使出的手段。就这样，孤立无援的周幽王被迫自刎，皇子伯服被杀，褒姒也被西夷太戎掳去。

君王不诚，则统治难以为继。周幽王无疑是个昏君，他不计后果地做出烽火戏诸侯的闹剧摧毁了自己在天下人心中真诚的一面，断送了祖先传下来的基业。前事不忘后事之师，这位沦为反面教材的昏君也为后世的君王留下了宝贵的经验教训，让另一些人为了守住祖先打下来的大好河山而对建立自己真诚的形象加以万分重视和不懈努力。

春秋战国时期，商鞅在秦孝公的支持下，开始在秦国变法图强，但当时由于各国纷争不断，民不聊生，百姓对待国君和朝廷的态度也非常微妙，直白说就是缺乏信任。

为了建立一个诚信威严的形象来帮助改革的推行，商鞅下令在都城的南门外立下一根三丈长的木头，当众承诺："谁能够把这根大木头搬到北门，谁就能够获得十金的赏赐。"众人一听，开什么玩笑，不就是把木头从南门搬到北门吗？这么简单的事情哪用得着那么多报酬，这其中是不是有诈？虽然民众们不相信搬木头真能获得那么多赏金，也被这高额的赏赐深深诱惑了，但他们都在那里观望着，谁也不敢贸然出手。

商鞅见状，把赏赐提高到了五十金。重赏之下必有勇夫，第一个"吃螃蟹"的人勇敢地站了出来，扛着木头一口气不带喘地到了北门，结果这个人真的得到了五十金的赏赐。大家见状，肠子都悔青了。

百姓一看商鞅是个言出必行、真诚可信的人，便非常推崇他，因此他在秦国变法的政策也在民众的支持之下逐步推广开来。变法带给秦国的直接利益非常显著，民众的生活水平得到了提高，国家的综合实力也大幅度上升，最后秦王扫六合，全国得以统一。

这便是历史上著名的"徙木为信"的故事。周幽王烽火戏诸侯自取灭亡，落得身死国灭的下场；而商鞅立木取信，终致秦国国力强盛，睥睨六国。两个人在真诚守信上的不同选择导致了不同结局，"诚"字对于一个国家兴衰存亡的作用是如此之大，不得不令人重视。

真诚地与人沟通是放之世界皆准的道德需求。在美国，华盛顿、尼克松、克林顿三个人虽然都做过美国总统，但无疑民众们更爱戴和尊敬华盛顿，因为我们在小学课本上就曾学习过华盛顿在父亲面前承认自己砍掉樱桃树、勇敢地面对自己的错误的故事，至少在做人方面，华盛顿更为真诚一些。而尼克松则因为在"水门事件"中撒谎而失信于民众，克林顿也因为不光彩的绯闻案撒谎而遭弹劾，这些"不真诚"的言行在他们的政治生涯中留下了难以洗去的污点。

生活中，我们期许被人真诚以待，也更愿意与真诚的人交往。如果我们跟一个人进行沟通时，对方总是对某些信息遮遮掩掩，或是仿佛在鬼鬼祟祟地搞一些阴谋诡计，那我们就很难放心地跟他交流，因为我们感到了敌意和疏离，感到了自我保护的必要性。

而我们在与真诚的人沟通时，身心会不由自主地摒弃压力感，达到放松的状态，往往能将大事化小、小事化无，带来顺利、和谐、成功的沟通效果。

清朝时期，在苏州吴县有个叫蔡林的商人，向来以真诚待人、重诺守信著称，所以他的朋友遍布五湖四海。有一个朋友曾把重金寄放在他那里，出于信任，这个朋友没有让他留任何字据。不幸的是，这个朋友没多久便因为一场大病去世了，由于去世得太过突然，这个人没有留下半句遗言。

蔡林知道后，派人把这个人的儿子请了过来，交还了这笔重金。这个人的儿子也是一个耿直真诚之辈，认为没有字据不好接受别人平白无故给的千金巨资，便推辞说："我的父亲生前从来没有跟我提过这件事，而且这么多的钱，你们却没有立下任何字据，这太不合理了，我怎么能接受这笔钱呢？"蔡林说："字据虽然没有立在纸上，却牢牢地刻在了我的心里。你的父亲正是因为了解我的为人，才觉得没有必要告诉你这件事。"

　　一个人若以真诚为名，与他沟通的人大多都会不由自主地放下心理防备，因为他们知道，这样的人不会欺骗自己，更多的信任和理解也因此产生。即便我们在与真诚的人沟通的时候未必能获得想要的结果，至少我们也能够获得真诚的对待，这是一种最基本的尊重。尊重是相互的，真诚也是相互的，如果我们希望在与他人沟通时被对方真诚对待，那么，不妨从自身做起，用真诚的言语来对待他人吧。

以情感人——打动人心的沟通

中国有句成语——"晓之以理，动之以情"。指的是在人际沟通中，告知道理可以使对方信服，表述真情可以使对方被打动。这是一种非常有效的沟通手段。

一扇大门被一把坚实的锁锁上了，一根铁棒走上前，使出了吃奶的力气都没能将这把锁撬动一丝一毫，而这时一把小巧玲珑的钥匙走了过来，它瘦小的身子插到了锁孔中，轻轻一转，大锁应声而开。铁棒疑惑不已："为什么我费尽九牛二虎之力也没能把锁撬开，而你轻而易举就做到了呢？"钥匙说："也许只是因为我最了解锁的心吧。"

每个人的心，都像一扇上了锁的大门，我们跟别人沟通，其实就是打开这把锁、推开这扇门的过程。有的人拿着铁棒简单粗暴地去撬门；有的人则带着关怀，将这份关怀凝聚成与锁相配的钥匙去开门。哪一个能够更快更好地达到目的，结果再明显不过。

一个公司曾经让两名管理者 A 君和 B 君给公司的全体员工做一项咨询，目的是看看这两名管理者谁更适合出任总经理。

A君一看，公司上上下下一百多员工，一个一个咨询的话，时间必然不会太充足，还是速战速决好。于是，他将员工集中起来叫到自己的办公室挨个询问。

A君："简单介绍一下自己的情况吧。"

员工甲："我是设计部的×××，今年二十五岁，在公司工作六年了，负责策划方面的工作，目前正在……"

A君挥手打断员工的介绍："你做策划这么长时间了，有没有总结出什么经验？你认为什么样的策划方案能满足客户的要求？"

员工甲："我……我认为，首先自己的专……专业知识一定要扎实，其次是了解客户的需求，根据客户的需求来完成相应的……"

A君："那你一般是怎么了解客户的需求，是由设计部直接跟客户联系还是由市场部联系？"

员工甲："一般情况下都是由市场部联系客户，然……然后传达给设计部。只有要求较高的客户会由我们设计部人员直接联系，询问……相关要求和其……其他……"

A君："你对你目前所负责的工作有什么不满的地方吗？或者说未来几年你有怎样的职业规划？"

员工甲："我……个人认为如果公司能够提供一些更为专业的培训，会……会对我们的策划提供更大的帮助。至于职业规划，我目前……目前还没有考虑，不过……"

A君："好了，你可以出去了，叫下一位进来。"

从询问开始到询问结束，员工甲始终没能完整地回答出任何一个问题，这并非由于他的表达能力有问题，而是他没有表达自己想法的机会。可以理解 A 君对时间的看重，但他这种咄咄逼人、照本宣科的沟通方式不仅会让员工感到紧张，而且无法获取更多有益的信息。

B 君则不同，他知道要做普查实在太过耗费精力，索性就抽人询问。他将咨询时间选在了午餐时间，端着餐盘和基层员工坐在了一起。首先，他将最近热播的一部电影作为切入点，提起了职员的兴趣，进而 B 君跟员工乙聊了起来："我听你的口音好像不是本地人，你老家是山东的吧？"员工乙惊喜地点了点头。

B 君接着说："听着像是山东汉子，我之前去过山东青岛，带着全家去看海，我儿子特别喜欢你们那儿卖的水母。"员工乙说："那个不好养，买了也活不了多久的。对了，你去青岛玩，有没有去栈桥和五四广场看看？那边很热闹，风景也不错。"B 君："没来得及啊，之前不是很了解青岛，也没跑几个景点。你家是那边的，不如给我介绍一下吧，下次就不愁没地方玩了。"员工乙："行啊，下次要去直接给我打电话就成，免费给您当导游。"B 君："我记得青岛那边发展也不错，你怎么想起来到这里工作了？"员工乙："原来上大学的时候学了这个专业，觉得这个行业的发展前景好……"

几顿午饭下来，B 君就将这些基层员工的情况了解了七七八八。由于跟 B 君沟通时没有工作时的压力，很多员工都觉得这样的闲聊非常放松，思路不会被打断，在跟 B 君交流的时候也更愿意倾诉更多的东西，B君由此获得了很多信息。公司认为，沟通在管理中是非常重要的一个步骤，因此公司总经理的人选最后落在了更懂得沟通的B君身上。

两个人的沟通方式不同，得出的结果也不相同。A君从一开始询问就带着盛气凌人的态度，只挑自己感兴趣的问题询问，不管是否会打断别人的回答。有的员工即便想表达也没有机会，而有的员工则可能被A君不尊重人的态度激怒，消极敷衍A君的询问。A君咨询的员工虽然很多，但得出的信息却非常有限，且太过片面，可以说A君的沟通大部分是无效的。B君走的却是平易近人的道路，在沟通中放低姿态、循循善诱，先是缓解员工的紧张情绪，然后引导话题往自己希望的方向发展。B君虽然是抽样询问，但花费的时间少，获得的信息相对来说也比较全面，从沟通效果来看，B君远胜于A君。

如果沟通时对话态度过于强硬刻板，就会使沟通陷入僵局，无法继续下去。能够触动人心的沟通，往往更容易达到想要的目的，特别是与固执己见的人进行沟通时，硬碰硬是下策，顺毛捋才是良策。《触龙说赵太后》的故事就是一个说服型沟通的经典实例。

战国时期，赵惠文王去世，他的继承人孝成王年幼，国家大权落在了孝成王的母亲赵太后手中。秦国借着赵国政权交替、举国上下人心浮动之机进攻赵国，连占赵国三座城池，情势十分危急，赵国只好向邻国齐国求援。齐国的使臣说："我们怎么能够知道你们是不是联合了秦国来陷害齐国呢？想要援兵也可以，把长安君送到我们齐国做人质吧，这样我们才能相信你们的诚意。"

长安君是赵太后最宠爱的小儿子，她怎么舍得让自己年幼的儿子在异国他乡做人质呢？所以不管大臣们如何直言劝谏，她都丝毫不为所动。劝得烦了，她索性下令："谁再来劝长安君去齐国做人质，我就往他脸上吐口水。"赵太后疼爱长安君到了蛮横不讲理的地步，丝毫没有商量的余地，导致事情陷入了僵局。

这时触龙前去觐见赵太后，赵太后知道触龙一定是来劝谏的，便一脸怒色地等着他。触龙见了赵太后没有说劝谏的事，而是说挂念太后的身体，所以前来探望太后，又说起了自己的身体，称自己素有足疾，不能快走，得靠车马代步。

太后见他没有进谏，一颗悬着的心稍稍放了下来，也没有了最初的冲天怒火。触龙见状不动声色，继续提到自己的儿子，说希望太后能够看在他的面子上让他儿子在王宫当差。太后便问起了他儿子的状况，触龙说："我的儿子才十五岁，又没什么才干，我如今已经年迈，实在不放心，就厚着脸皮把我的儿子托付给您照看了。"

太后感叹道："你疼爱儿子的心情和我是一样的啊。我不愿意将长安君送去齐国当人质，正是担心他离我太远，我无法照料他。"

触龙随即说道："既然您也疼爱自己的儿子，那就应该为长安君做长远打算啊，如果他不能够凭自己的力量建立功勋，倘若有一天您不幸离世，长安君该如何在赵国立足呢？"

听完触龙一席话，赵太后久久沉默，随后她叹了口气说："长安君的去留，就听凭你的安排吧。"于是，触龙为长安君安排了数百辆车马随行，前往齐国做人质。齐国见状也按照约定发兵营救赵国，一场危机迎刃而解。

触龙的沟通方式非常好，他理解赵太后那颗拳拳爱子之心，所以他站在赵太后的角度去思考问题，避重就轻，先打消了赵太后的疑虑，成功避免了两人的冲突，再引导赵太后的思维方式，帮助她去发现究竟如何做才能令长安君有更好的生活，从而达到自己劝谏的目的。

由此可见，沟通是需要技巧的，以情感人正是拉近人与人之间的关系、化解抵触情绪的不二法门。会说话的人无论走到哪里都受欢迎，生活中，很多人都曾有过参与演讲或观看别人演讲的经历。我们不难发现，有些人的演讲声情并茂、格外感人，但有些人的演讲则空乏其词、让人昏昏欲睡，归根结底还是看演讲者是否走心了。只有了解他人，站在他人的角度考虑问题，以真心换真心，我们才能够真正实现有效的沟通。

点到为止——话到嘴边留半句

中国有句古话叫作："话到嘴边留半句，得理之处让三分。"说的就是人与人沟通的时候应当把握相应的尺度。为什么把握沟通中的尺度、做到什么时候说什么样的话是如此重要的事情？下面这两个故事会令你对此有更为直观的理解。

一个体型微胖的女生和几个朋友去商场买衣服，这个女生刚好看上一件连衣裙，正想让售货员找适合自己穿的号试试。谁知道，她刚拿起那件衣服，售货员就说道："美女，你别看那件衣服了，我们这儿没你穿的号，而且我们这边不是卖孕妇装的，卖孕妇装的在三楼拐角处。"

售货员这么一句话下来女生的脸就黑了，本来因为胖的缘故，她就挺自卑的，售货员这么一说，等于往她伤口上撒了把辣椒面，她的朋友听不下去了，不满地责怪道："你怎么说话的，这么没礼貌，叫你老板出来！"

老板听到动静走了过来，售货员还一脸委屈地向老板抱怨。老板听完售货员的话后，上前安慰这名女生说："我们这儿招的售货员心眼实，有什么说什么，您别往心里去。再说您这都怀了几个月了吧，气坏了身子多不好。"

老板不安慰还好，一安慰给这个女生造成了二度伤害。这名女生直接气得哭了出来，她的几个朋友更是跟店老板吵得不可开交。从此，这个女生和她的朋友们再也没来这家店买过衣服。

沟通是一门技术活，有时候我们听人开口说话就能初步判断对方的性格、处事能力等。有的人说话和风细雨，让人听着就舒服；有的人说话则是直来直去，枪炮味十足，讲出来的话又往往不经过大脑的认真思考，不管对方能不能接受，就让想说的话脱口而出，以至于常常得罪人而不自知。对于这样不会说话、没有半点沟通技巧的人，我们可以说他们心直口快，不会拐弯抹角，但如果他们的率直总是伤害别人，谁还愿意和他们交流呢？所以沟通时我们也要掌握一定的技巧，这样才不至于开口就得罪人。

三国时期，贾诩是曹操的幕僚。在当初没有立世子的时候，曹操就曾经纠结到底立哪一个比较好：长子曹昂死后，曹丕为大，按理应该是由他来继承大统，曹植虽然年幼，却已经颇有才名，曹操更为喜爱这个幼子。在曹丕与曹植之间，曹操犹疑不决。

曹丕希望自己能够被立为世子，就派人向贾诩求计。这个时候已经属意曹丕的贾诩告诉曹丕，在曹操面前要谨守孝道，踏踏实实做人做事，培养自身的气度就可以了。于是，曹丕在贾诩的建议之下，老老实实地践行自己的责任和义务，帮曹操办事的时候勤恳有加，待人接物礼数周全。曹操便把曹丕立为世子，将曹植封为临淄侯。

但是后来随着曹植才名远扬天下，曹操立世子的心再次动摇了，他有意废掉沉稳持重的曹丕，改立才华横溢的儿子曹植。而曹操的谋士们的意见也是严重两极分化，有中意曹植的，也有支持曹丕的。一帮人争论不休，曹操自己也难以决断，他虽然非常喜欢才高八斗的曹植，但手心手背都是肉，毕竟一直以来曹丕处理事务都井井有条，并没有什么错处，他不能偏心得太过明显。

就在属臣们争论不休的时候，曹操看到贾诩立在一旁沉默不语，与整个环境似乎格格不入。曹操觉得奇怪：大家都在讨论改立世子的事情，怎么贾诩一言不发，难道他有什么高见？曹操屏退左右，对贾诩说道："改立世子的事，大家都在讨论，你什么都不说是有什么意见吗？"贾诩回禀道："没什么，我只是突然想到了别的事情，一时间分了神，没能参与讨论。"曹操连忙追问："你想到了什么事？"贾诩说："我突然想到了袁绍和刘表两家父子的事情。"曹操一听，哈哈大笑，顿时明白了贾诩的意思。从此以后，曹操彻底摒弃了废立之心，曹丕世子的地位也终于稳固下来。

在这场废立世子之争中，贾诩无疑是支持曹丕的，但他却没有明确地表达出来，他所说的一番话看似答非所问，却清楚地向曹操传达了一个"废长立幼容易招致灾祸"的警示。原来袁绍和刘表两个人都非常宠爱自己的小儿子，为了表示荣宠，立嗣时都做出了废长立幼的举动，但这两个人去世之后，他们的儿子为了争权夺利，各自招揽党羽，斗得不亦乐乎，最后却被曹操给一锅端了。

贾诩这番话说得可谓巧妙，他只将话说一半，剩下的那部分让曹操自己去领会。因为以曹操多疑的性格来看，如果贾诩在废立世子多说一言半语，都难免会遭到曹操的猜疑。所以深知曹操性格和心理的贾诩没有贸然告诉曹操自己究竟属意哪一个人做世子，老练圆滑的他点出了袁绍和刘表两家父子的前车之鉴，巧妙地让曹操看到了废长立幼的危害，而且做到了点到为止、绝不多言。这样一来，不仅让曹操心甘情愿地接受了自己的意见，还成功地避免了曹操的猜忌，沟通技巧比其他属臣高出一筹。

其实不只是在与曹操这样性情多疑的人沟通时需要做到点到为止，任何时候"话到嘴边留半句，不可全抛一片心"都是非常重要的沟通技巧、处事原则和生存之道。因为言多必有失，有些人往往在不经意间说出一句极有可能得罪别人的话，就会为自己埋下祸根。

俄国沙皇尼古拉一世登基之后，国内爆发了一场由自由分子领导的叛乱，这些自由分子要求俄国实现现代化，尽快在工业和国内建设方面追上欧洲的一些国家。尼古拉一世采取暴力镇压的措施平定了这场叛乱，并捉到了自由分子的领袖之一李列耶夫，将其判处绞刑。

在行刑的当天，由于李列耶夫奋力挣扎，用以绞首的绳索居然断开了，这罕见的现象无疑是上天的恩赐，通常遇到这种情况时，犯人都会被赦免。李列耶夫没有沉溺于劫后余生的喜悦，他站起来对着人群大声喊道："你们看，俄国的工业就是这么落后，就连制造出来的绳索都会轻而易举地断裂。"

这时，信使连忙跑到宫殿中向尼古拉一世汇报绞刑失败的事。尼古拉一世虽然对这一消息非常不满，但还是拿起了笔打算签署赦免令。尼古拉一世问信使："绞刑失败后，李列耶夫说了什么吗？"信使诚实地把李列耶夫的一番话复述了一遍。听完信使的话后，尼古拉一世递出赦免令的手迅速收了回去，他把手中的赦免令撕得粉碎，愤怒地说道："既然李列耶夫这样认为，那我们不妨来证明一下事实与他所说的相反吧！"第二天，李列耶夫又一次被送上了绞刑台，这一次奇迹没有再发生。

可见有些话是不能随便说的，尤其是会泄露自己真实心理、会伤害到别人的利益和情绪的话。这些话一旦出口、入了那些并不会和你站在同一条阵线上的人的耳朵里，就注定会在此后的某个时间令自己的利益受损。

在中国的词典中，有很多形容朋友之间关系的词语，比如：点头之交、泛泛之交、莫逆之交、患难之交、刎颈之交、生死之交等。为什么会分得这么详细呢？因为交浅言深是人际交往中的大忌。但现实社会中仍有很多"大嘴巴"完全不忌讳这个，他们喜欢逢人就说自己的私密之事，见人就表露自己对某个问题的不同见解，对着周围所有人畅所欲言。孔子云："不得其人而言，谓之失言。"意思就是在并不了解对方的情况之下，深入地交谈是失策。如果我们将自己的秘密告诉泛泛之交，难保第二天这些秘密不会被传得人尽皆知。改变"自己挖坑自己跳"的沟通方式的最佳办法就是划定某个无形的界限，在界限内外把握适当的尺度进行沟通，这样才能够更好地维持人际关系、保护自身利益。

注意拿捏好表述的分寸和深度，这不仅仅是在和不相熟的人沟通时要注意的，即便和亲密无间的朋友相处时也要时刻谨记这一点。生活中，很多人都曾遇到朋友前来倾诉感情烦恼的问题，如下"言多必失、祸从口出"状况的发生更是司空见惯：

女主：我要跟我男朋友分手。

闺密：为什么呀？

女主：他瞒着我跟他前任联系，两个人还一起甜甜蜜蜜地吃了顿饭。

闺密：居然敢脚踩两只船，分！赶快分！这样的男人不分手留着过年吗？

女主：可是他说他只爱我一个。他跟他前任只是好久不见才一起吃了顿饭。

闺密：这摆明了是骗你的呀！我要是被抓现行，我也会找这样的借口。现在藕断丝连，将来也未必能断得干净。

女主：可我还是好喜欢他，分手的话我忘不了他怎么办？

闺密：你现在多喜欢他都没用，将来还不是别人的老公？你在他身上耽误的时间越多，就越忘不了，还是尽早抽身为好。

女主：好，我听你的，跟他分手。

第二天，闺密眼睁睁地看着女主挽着她的男朋友跑到自己面前秀恩爱。

女主：我想了想，还是放不下他，就跟他和好了。

女主的男朋友则上前质问："听说是你怂恿我们家小 A 跟我分手的？你们这些'单身狗'是不是心理变态啊，怎么总想着拆散别人？我劝你呀，赶紧找个人谈恋爱去吧，别在这里搅和别人家的事了。"

闺密想必也委屈得不行，明明是帮助好朋友解决烦恼的，怎么到头来落得出力不讨好的下场。女主固然有错，但闺密也有做得不对的地方，她虽然是在为女主着想，却没能真正了解女主的想法——女主看似态度强硬地要和男友分手，实则句句都在等待闺密劝她打消这个念头。但闺密恰恰没能弄清楚女主的真正意图，只顾着把自己的想法塞给对方。太过主观、太过直接，都是闺密所犯的沟通错误。

而且这位控制欲较强的闺密在沟通中也没能把握好朋友间交往的尺度，过多地干涉了别人的感情生活。在电视剧《欢乐颂》中，邱莹莹一味地想要跟心心念念的"渣男"白主管双宿双飞，甚至做出了搬出欢乐颂的决定。好朋友关雎尔担心邱莹莹被骗，想要劝住邱莹莹，但樊胜美说了一句话来阻止她："亲人之间还得有个界限呢，更何况是朋友呢？"的确如此，人和人之间的关系不管有多么密切，言谈举止上也不能过界，一旦过界，反而会损害彼此的关系、伤害彼此的感情。

很多时候，如果我们想表达自己的想法，不需要总是直抒胸臆、畅所欲言，有时候只需要点到为止地将自己的意图简单明了地点出来就好，不需要说得太详细，因为说得太多，难免会有失言之处。

也许有人会认为这样不够光明磊落，是世故、圆滑、为人不够真诚的表现，但事实上并非如此，因为不是每个人都想要了解我们的烦恼和秘密，有时候我们把烦恼倾诉给关系一般的人，对方反而会觉得我们过于唐突和冒昧，会让他人有被冒犯的感觉。多数情况下，如果我们不能够理解或把握对方的思想与行为趋势，那么"点到为止""话到嘴边留半句，不可全抛一片心"无疑是最好的箴言。

不怯场——辩论和演讲亦是沟通

在生活中，我们经常需要和他人进行交流。一般情况下我们所采取的沟通方式都是一对一的，因为这样能够方便对方理解我们的观点和思想，但有时候我们需要和他人进行一对多的沟通，这时候最适宜的沟通方式莫过于辩论和演讲。这种沟通以有声语言作为主要沟通手段，以身体语言作为辅助，言辞清晰、立场鲜明地阐述自己的观点和主张，获得他人的肯定和支持，这正是辩论和演讲的魅力所在。

南朝梁代文学理论批评家刘勰在他的著作《文心雕龙·论说》中说："一人之辩，重于九鼎之宝；三寸之舌，强于百万之师。"从古至今，无数的政治家和商业家无不拥有着卓越的辩论和演讲能力。战国时期鬼谷子的弟子苏秦通晓纵横捭阖之术，有心干一番轰轰烈烈的大事业，却出师不利，没有受到霸主秦国的重用，失望之极的苏秦转而改变策略，游说六国合纵抗秦，并身任六国宰相，致使秦国十五年不敢出兵函谷关。《三国演义》中更有大名鼎鼎的诸葛亮以三寸不烂之舌力驳群儒的故事。

东汉末年，曹操挟天子以令诸侯，消灭了很多实力强硬的大军阀，能与曹操对抗的就只剩下孙权和刘备两方势力。曹操有心吞并东吴和蜀汉，形势对于孙权、刘备两方非常不利。

曹操心知一下灭不掉两股势力，便派出使臣带着书信前往东吴说服孙权，希望孙权能够投降。孙权手下的谋士们眼见形势不妙，纷纷劝说孙权降曹自保。刘备知道情势危急，立即派出了麾下有"卧龙"之称的诸葛亮前去说服孙权。

迎接诸葛亮的是主张联蜀抗曹的鲁肃。鲁肃带着诸葛亮见到了孙权手下的一帮谋士，这些谋士无不饱读诗书，才华过人，讲起话来引经据典，能把人驳得体无完肤。众位谋士一见到诸葛亮就开启了"嘴炮"模式。为首的正是东吴第一大谋士张昭，他说："我张昭在江东不过是一个不起眼的读书人罢了，听说先生在隆中隐居时曾自比管仲、乐毅，不知道是否确有其事啊？"诸葛亮承认道："我的确曾自比管仲、乐毅，这只不过是与朋友间的戏言罢了。"

张昭接着说："听说刘备为了请先生出山，往先生住的地方跑了三趟才把先生请出来，本指望在先生的帮助下实现宏图大愿，没想到居然连自己驻扎的荆州也丢了，不知道你们蜀中还有什么策略？"

诸葛亮也知道张昭不好对付，如果连他这关都过不了，肯定没办法说服孙权，所以他从容地解释道："我主刘备要想取得荆襄这块地盘并不难，只是他生性仁义，不忍心夺取同宗刘表的基业，所以才让曹操白捡了便宜。如今我们在江夏屯兵，自然有更好的计划，等闲之辈又怎么能够清楚呢？"

张昭可不是好糊弄的，他直白地说道："那这样先生岂不是言行相悖吗？先生自比管仲、乐毅，这二人都是辅佐诸侯匡扶天下的人物，称得上是济世之才。先生出山之后辅佐刘备，本当为苍生兴利除害。可刘备没有得到先生的辅佐前尚且能够纵横天下，得了先生之后，虽然人人都说刘备是如虎添翼、剿灭曹贼、复兴汉室有望，然而一旦与曹兵交战则丢兵弃甲、节节败退，几乎没有容身之地，全然没有当初割据疆土的威风。先生果然能和管仲、乐毅比肩，被称为济世之才吗？"末了张昭还补了一句："我直肠子，话糙理不糙，你别跟我计较。"话里讥讽的意思再明显不过了。

诸葛亮听完也不生气，笑着说道："正所谓燕雀安知鸿鹄之志哉！这就好比人身患重病，大夫肯定先要让他喝粥恢复体力，而后再让他服药；等到五脏六腑调和之后，再用大鱼大肉补身体；等身体补得差不多了，才下重药治病；除掉病根之后，人才能够健康起来。要是不等五脏调和便下重药，肯定病还没治好，人就撑不住了。我主刘备兵败之时手下兵不满千人，强将也只有关羽、张飞、赵云几人而已，此时好比一个人病情严重、身体羸弱，怎能下重药呢？何况寡不敌众的情况下战败也是兵家常事，就算是管仲、乐毅在世也未必能够扭转乾坤，何况刘琮投降曹操一事，我主刘备的确不知道，只是心怀仁义，不忍夺取同宗的基业罢了。"

紧接着，诸葛亮话锋一转说道："不过，社稷安稳和家国大事都是需要有真才实学的人来决断的，那些沽名钓誉的机巧诈辩之徒坐而论道、侃侃而谈，虽然说得天花乱坠，可真到了危难关头却一点用处都派不上，只会让天下人耻笑罢了。"一番话说得张昭哑口无言。

这时突然有一个人问道："如今曹操拥兵百万，麾下猛将数不胜数，虎视眈眈意图吞并江夏，先生认为该怎么办呢？"诸葛亮说道："曹操不过是有袁绍和刘表的乌合之众罢了，纵然有百万人之多，却没什么好害怕的。"

那人接口道："你们败给曹兵之后，困守夏口处处求人，还大言不惭地说什么不害怕，把我们当孩子耍吗？"诸葛亮说道："我主刘备麾下只有数千名仁义之师，虽难敌曹兵，却仍旧退守夏口，等待时机东山再起，所以不害怕曹操百万雄兵。而如今江东兵强马壮，又仗着长江天险，你们却都劝孙权屈膝投降曹操，也不怕天下人耻笑。"

接着东吴的其他谋士也一个个地向诸葛亮发难。但诸葛亮根据对方的身份、经历、性格有针对性地据理力争，说得东吴诸位谋士面有惭色、哑口无言，不得不心服口服。在这样的状况下，孙权终于同意联合蜀汉共同抗击曹操。

诸葛亮的一番讲演虽然是即兴而为，却能够在孤身一人、客场作战的不利情况下临危不乱地抓住对方的弱点逐个击破，这种沟通能力是常人所不能及的。

在古代打仗时，将军都会在阵前演讲来鼓舞士气，以求大败敌军；在近代社会，更有无数的革命领袖以演讲的方式传播革命思想，鼓舞青年参加爱国救亡图存的运动，从思想上招揽一大批追随者，为革命事业打下坚实的群众基础；在美国，竞选总统的过程中需要候选人在各个地方举行演讲为自己拉票，让受众理解、支持和拥护自己的观点，在关键时刻投自己一票。

到了科技飞速发展的现代社会，这种一对多的沟通能力依然是人们非常需要掌握的。一个人的讲话水平不仅反映出了他的思想和他所接受的教育水平，也决定着他的生活层次；一个企业领导人的讲话水平决定了企业的发展速度和高度，能说会道也是一种巨大生产力。可见，掌握了辩论和演讲的技能，就能够让我们在人际交往中游刃有余，为自己将来的发展谋取更多的福利。

不管是辩论还是演讲，都是对个人应变能力和沟通能力的极大考验，一边要有所准备地了解听众的喜恶、摸透对方的心理，一边要巧妙而明确地把你的想法深深地植入听众的心中，一边还要打起精神来应付那些随时可能会提出尖刻问题和质疑的人。一旦我们在面对听众们质疑的目光和冷漠的表情时产生了紧张和怯场的心理，那么别说做出精彩辩论和演讲了，恐怕连完整地表述出自己的观点都成了有难度的事情。

想要控制好自己的情绪，就要先调节好自己的心态。为什么面对一个人说话时，你往往不会感到紧张，面对两个人、十个人、几百人的时候，你的紧张程度就依次递增了呢？主要还是因为你对听众的不熟悉、不确定，你在担心对方会对你提出质疑、打断你的话，甚至尖酸刻薄地针对你。想要将紧张情绪控制在不失控的范围内、避免怯场失言的尴尬，最好的办法就是有备无患地做好了解听众的工作，明确自己将要与哪些人沟通、主题是什么、他们关心的是什么、支持的是什么、反对的是什么、忌讳的是什么，你的准备工作越完善，出现意外的可能性就会越小。等到你身处面对几百人的大场合开始高谈阔论的时候，面前的这几百人看起来其实和一个人没有什么区别，你也就没什么可紧张和害怕的，也就能从容自如地掌控全局，将语言的艺术展现得淋漓尽致了。

Part2

听是学问——沉静听之理

　　我们觉得沟通变难的原因不在于采用了何种沟通形式，而在于是否领会了沟通的本质、坚守了沟通的准则、使用了沟通的技巧。只要我们多考虑一下对方的感受，以真诚待人、尊重他人的心态来平等地与之进行交流，拿出阅读书信时的耐心和热情，多把自己的一些时间和精力分配到倾听这件事上，不再自说自话、以自我为中心，那么想要营造更为融洽的人际关系就不再是一件难事。

沟通方式的转变
——从"不得不听"到"我选择不听"

在木心先生的诗集《云雀叫了一整天》中收录了一首名为《从前慢》的小诗：

记得早先少年时

大家诚诚恳恳

说一句 是一句

清早上火车站

长街黑暗无行人

卖豆浆的小店冒着热气

从前的日色变得慢

车、马、邮件都慢

一生只够爱一个人

从前的锁也好看

钥匙精美有样子

你锁了 人家就懂了

在从前这样的慢生活里，我们的沟通也是"慢"的，少了现代社会的浮躁和应付，多了一些细腻和耐心。二十多年前，电子产品还没有普及，我们与身处异地的朋友交流靠的是传统的通信方式——写信。提笔写信、惊喜收信、逐字阅读、逐句回复，这种传递消息、相互沟通的方式是非常原始、有趣且充满了浪漫主义色彩的。它能够帮客居他乡的游子传递对故土家人的思念之情，能够相互传递消息描述近况，也能够让相隔甚远的两个朋友交流思想、联络感情。

由于信件需要邮差传递，中间需要耗费往返的时间，所以那时候人们收到回信时所感受的喜悦和满足是难以言喻的，它会让我们聚精会神地对信中的内容字字斟酌、句句体会。这种沟通是缓慢的，这种阅读是安静的，这种"倾听"是专心的。你想要获取信息、了解情况，就必须主动地让自己静下心来，摒弃杂念，这样才能将自己切实地置身于对方在纸上留下的那个沟通环境之中，才能穿越时间和空间实现高效交流。

但随着科技的发展和网络的兴起，便捷的通信方式迅速拉近了人与人之间的距离，当我们想念某个人的时候，只要开个视频、通个电话、发几条微信或 QQ 消息就能够实现交流。可以说，人与人之间沟通的时间成本大大减少，人际沟通开放化的程度进一步加深，为人际交往带来了巨大的便利。但任何事情都有利弊两端，我们在享受互联网时代带来的便捷时，必然要接受它所带来的沟通方式转变的困扰。

快节奏的生活步调之下，人们再也没有了那种缓慢悠闲的生活氛围，沟通也追求速战速决，在追求速度的同时，往往是以牺牲质量为代价的。比如，当我们打电话时，总是喜欢一口气把自己想说的话全部说完，然后才会竖起耳朵听听对方在说什么，于是经常出现这样一种情况——你说你的，我说我的，电话里一片嘈杂，就好像同时开着两台电视机、各自播放着不同的电视剧一样，通话完毕时，你只记得自己说过什么，却很难记起对方说过什么。特别是当你主观上不想倾听的时候，你可以一直咄咄逼人地用自己的大嗓门去压制对方，也可以捂起耳朵消极抵抗，甚至可以挂掉电话或转身走开。倾听变成了一件很快速、甚至是经常性地被忽略掉的事情，不愿意倾听也变成了许多矛盾产生的导火索，变成了沟通失败的罪魁祸首。

因此，很多人抱怨说先进的通信方式看似让人与人之间的关系大幅度拉近，实则疏远了彼此的距离。因为在这样缺乏倾听的沟通交流中难免会产生各种各样的误解，增加了沟通负担，令彼此的感情更为淡漠，人与人之间的凝聚力大大减少。

但其实不管是纸质时代的书信往来，还是现在传统通信业的电话短信、互联网时代的网络交流，发生改变的从来都只是沟通的形式，而不是沟通本身。令我们觉得沟通变难的原因不在于采用了何种沟通形式，而在于是否领会了沟通的本质、坚守了沟通的准则、使用了沟通的技巧。只要我们多考虑一下对方的感受，以真诚待人、尊重他人的心态来平等地与之进行交流，拿出阅读书信时的耐心和热情，多把自己的一些时间和精力分配到倾听这件事上，不再自说自话、以自我为中心，那么想要营造更为融洽的人际关系就不再是一件难事。

听与说之间——沟通中的你来我往

　　生活中，我们大多数时候都需要与他人沟通，有的人人缘好，朋友遍布五湖四海，不管走到哪里都能和其他人打成一片；有的人则人缘较差，不管走到哪里都会处处得罪人，以至于身边几乎没有至交好友。出现这种差异的原因有很多，沟通方式必定是其中最重要的一个。

　　说起沟通，很多人都认为沟通中语言是最重要的，因为这是人与人之间进行交流最直接的方式。说话既能够表达自我，又能够宣泄内心，一举两得，但我们往往忽略了沟通中另外一个同等重要的因素——倾听。在倾听的过程中，我们能够与倾诉者达成思想的一致和感情上的交流，它是人与人沟通时最基本的技巧，和说话有着同等重要的作用。

　　情商高的人会聊天，懂得如何说、怎样听，情商低的人不会聊天，不是自顾自地说个没完，就是一问三不知或一言不发，甚至会在不经意中简单粗暴地把话题终结掉。

　　小 C 人长得挺帅的，称得上是剑眉星目、玉树临风，但小 C 却非常苦恼，因为他人缘差，"桃花运"更差，不但同性朋友不多，异性朋友更是少得可怜。其实按照广大女性的择偶标准来看，小C的条件称得上是优秀了，可他都二十多岁了居然没有交过女朋友。并非没有女生来找他搭讪，关键小C这个人太不会聊天了，说他是"话题终结者"一点都不过分。

举个例子：

女生甲：哎，听说××拍的一部科幻电影最近上映了，我朋友说挺好看的，我们也去看看吧！

小C：哈哈哈哈，有没有搞错，××明明演技烂透了，你朋友居然会说好看，这是什么审美？

女生甲面色青白，一言不发地转身离开了。

小C再打电话约她出来时，电话却已经打不通了。小C也莫名其妙，怎么说不联系就不联系了，上次不还好好的吗？不过没关系，这个不联系了不是还有别的嘛！

女生乙：你喜欢吃××吗？我跟朋友之前在××路那家店吃了一次，味道还不错，要不要一起去吃？

小C：你怎么会喜欢吃那种东西？你没看电视上的报道吗？××的产地和制作流程都被曝光出来了，苍蝇到处飞、老鼠满地跑，一点都不卫生，你也不怕吃了直接被推进太平间。

女生乙泫然欲泣，狠狠地在小C脚上踩了一下，然后转身离开了。小C一头雾水加委屈：女生的脾气还真是说变就变，我什么时候得罪她了吗？

　　沟通时不懂得仔细倾听对方的态度和意图，必然会导致会错了意、说错了话，的确容易在无形之中得罪他人。而且小C也不懂得如何把握好听与说来延续沟通，往往无心之下出口的一句话就终结了话题。沟通是两个人你来我往的博弈，你说了上一句，我能接下一句，你能接着我的话顺下去，这是良性沟通。在沟通的时候既了解了别人的想法，又给别人铺了路，促使对话得以继续下去，这无疑是高情商的沟通。高情商的沟通并不少见，我们同样可以以小C的遭遇来做示范，看看小D是如何听与说的：

　　女生甲：哎，听说××拍的一部科幻电影最近上映了，我朋友说挺好看的，我们去看看吧！

　　小D：是吗？我也听说了××的那部电影，不过我看网友分析这部电影的特效部分做得没有另外一部科幻电影好，不知道你有没有兴趣跟我一起看另外一部电影啊？

　　女生甲：真的吗？既然也是科幻片，那也未尝不可，周末我们干脆去看另外一部电影吧！

　　一次有效沟通达成。

　　女生乙：你喜欢吃××吗？我跟朋友之前在××路那家店吃了一次，味道还不错，要不要一起去吃？

　　小D：你说的我都想赶快尝尝了，不过近期可能不行，我最近胃不太舒服，不太能吃辛辣刺激的食物。

　　女生乙：胃怎么会不舒服？是老毛病吗？去看医生了吗？有没

有买药吃？

小 D：医生开了药，他说问题不大，但要注意饮食，平时作息要规律，说吃点养胃的饭菜对身体比较好。对了，不如我们去吃养生菜吧。新开的那家养生菜馆生意特别好，想必味道不错，要不要尝试一下？

女生乙：我好像也听朋友推荐过一次，之前一直想尝尝来着，不如我们现在就去吧！

同样的情景，同样的问话，沟通的结果却是截然不同的。那么，小 C 之所以会沟通失败，他犯了哪些错误呢？首先是他没有弄懂两个女生真正想表达的意思。"我们周末去看电影吧"和"我们今天去吃 ×× 菜吧"并不是说女生一定要看 ×× 电影、吃 ×× 菜，而是变相地透露了某些信息——我最近有空，这段空闲时间我想和你待在一起。而小 C 的应答是什么呢？看上去是关心女生的交友状态、审美水平、饮食健康等，但他的回答却更倾向于拒绝和挖苦。在对方看来，电影是不是烂片和菜是否卫生都只是他为拒绝而找的借口。

小 D 则不然，他的沟通方式是先将对方的话听懂、吃透，再予以一定程度的肯定，然后条理明晰地为对方解释不想看 ×× 电影或吃 ×× 菜的原因，随后表明态度——虽然我不想看 ×× 电影吃 ×× 菜，但我愿意和你一起看别的电影或吃别的菜。女生能够从对话中了解到小 D 的观影爱好和口味偏好，从而深化了对双方的理解。而小 D 对事不对人的态度也为两人的下一步沟通打下了基础、做好了铺垫，甚至是有意地引导对方的沟通方向，情商之高令人由衷地赞赏。

很多时候我们与他人进行沟通时都需要这种高情商，因为每个人的价值观不同、性格不同，合作起来需要磨合，耐心倾听、用心领会对方的话，在这里就显得尤为重要。沟通不是拔河，双方各行其是必然会造成气氛紧张。相比之下沟通更像是两个人在打羽毛球，你把球打过来，我再给你打回去，有来有往才能够继续。如果你只把注意力用在自己如何挥拍发球上，不懂得观察对方发球的力度、角度，不去判断、领会对方的意图，那么你就很难接住球。一出手就容易造成失误，让对方打过来的球有去无回，来回几次之后，胜败就已经注定了。缺乏倾听的沟通，其过程中的所有话题都会重复着那只有去无回的羽毛球的命运——被终结，别说与人交朋友做深入沟通和了解了，恐怕别人连和我们做浅显沟通都会觉得是在浪费时间和精力。

由此可见，倾听的重要性是不言而喻的。在和别人沟通的时候，我们首先应该掌握的是倾听这一技能，要善于利用我们的耳朵，充当好听众的角色，这样才能够加强我们与他人之间的互动，促进良好人际关系的形成。

吉人寡言——内心智慧者不语

在观看电视剧的时候，我们经常会看见这样一个情节：酒楼茶肆中，一群贩夫走卒占据一角，围在一起七嘴八舌地讨论江湖见闻。而另外一边总是有人一言不发，静静地坐在一旁饮茶吃点心。两边的气场截然不同，但哪一个才是主角，我们一眼就能够看出来，这其实是导演利用了"吉人寡言"的道理来塑造主角或正面人物的高大形象。

吉人寡言，语出《周易·系辞》："将叛者，其辞惭，中心疑者其辞枝，吉人之辞寡，躁人之辞多，诬善之人其辞游，失其守者其辞屈。"这段话的意思是：打算叛乱的人，他们的言辞是缺乏底气的，讲起话来非常心虚；多疑的人讲话没有主干，常常啰里啰唆地说了很多，却让人找不到重点，不明白他究竟想要表达什么；有大智慧的人说的话则比较少，因为他们的内心足够平和、安定，所以不必说太多话；那些浮躁的人会讲很多话，因为内心的贪嗔痴恨等情绪无处开解，亟待发泄；那些污蔑善良之辈的人说话则是毫无根据地夸大其词，话题游移不定；失去底线和操守的人说话时不再那么理直气壮，而是吞吞吐吐、含糊其词。

在《世说新语·品藻》中记载着一则"吉人辞寡"的故事：

魏晋时期，有"谢家芝兰玉树、王家琳琅满目"的说法，说的是王、谢两大世家人才辈出。有一次，王羲之的三个儿子王徽之、王操之、王献之前去拜访名士谢安。王徽之和王操之两人与谢安殷殷交谈，滔滔不绝地说了很多日常俗事。但王献之明显对这种盛行于文人间的清谈兴趣寥寥，所以他仅在开始时与谢安寒暄了两句，之后便静静地坐在一旁一言不发。

三兄弟离开之后，在座的客人问谢安："刚才那三位都是王家的贤良之辈，在他们三个人之中，哪一位最好呢？"谢安说："小的那个最好。"客人不解地问道："你说小的最好，那你是怎么判断出来的？"谢安说："贤明之人寡言少语，浮躁之人言辞多。我正是由此推断出来的。"

后来，王徽之和王献之同处一室的时候，房子突然着了火，王徽之大惊失色地急忙跑出屋子去避火，连鞋子都没顾得上穿，而王献之镇定如常，衣衫俱整地走出了屋子，好像火灾根本没有对他造成影响。时人无不被王献之的气度所折服。在历史上，王献之也如谢安所言，在书法上成就最高。

当一个人心态发生变动的时候，他的语气、态度、言辞等都会随之改变，所以一个人处世为人的态度，可以从他的语言习惯中显露出来。都说"水深则流缓，语迟则人贵"，普通人和有大智慧的人在语言习惯上的区别其实就像是一条哗哗作响的小溪和一条无声奔流的大河。

凡夫俗子喜欢聚在一起闲谈杂叙，天南海北地侃大山，这是因为他们的内心不够平静，有各种各样的烦恼和戾气要找个途径宣泄出来，但由于思考时间不够充分，所以言辞中充满了破绽和漏洞。

而头脑聪颖、沉稳、有大智慧的人看事情则更为通透，思维没有过多的阻塞，自然不会庸人自扰，他们更喜欢将闲谈的精力用在思考上，想得多、说得少。而且他们必定有极强的自我约束力，即便是满腹经纶，也不至于莽撞冒失地一吐为快，在谈论一件事的时候总是先征询别人的意见，把自己的看法放到最后讲，这样既尊重了他人的倾诉欲，给足了别人面子，又能够在他人发表意见的时候思考自己的观点有哪些不完善之处，在别人讲话之余组织自己的语言，提出更好的意见，故而时常表现得少言寡语，但出言之时必定会鞭辟入里、直指要害。

《论语·里仁》有言："君子欲讷于言而敏于行。"原意为：君子说话应该谨慎，防止祸从口出，以免伤害自己或是他人，避免为自己招来麻烦甚至是灾祸，而做事情的时候则应该干练勤奋。意在告诫人们要少说话多做事，这也是当今社会上大多数人应遵循的处世准则。

事实上，真正有如此大智慧的人非常少，很多人都难以达到吉人寡言的境界。如果我们仔细观察的话不难发现，一天之中我们所说的 70% 的话都是废话，没有任何意义，很多时候我们只是想找个话题来消遣消遣，打发空闲时间。要知道实干胜于雄辩，假如我们将闲聊、说空话的精力用于学习、思考、干正事的话，那我们便能"桃李不言，下自成蹊"，可以免去很多浮躁和烦恼，可以收获意想不到的好处和回报。

我们不妨做这样一个实验：找两个瓶子来装水，一瓶装得满满的，一瓶只装一半。当晃动瓶子的时候我们就会发现，装水越少的瓶子，摇晃起来声响越大。如果想让自己的内心装满水，我们要做的不是一味地宣泄自己的情绪，不是言之凿凿地说一堆豪言壮语，而应控制一下自己的倾诉欲，安稳地坐下来，充实自己，做到少动嘴、多动手、多动脑，做出一番成绩后，说话的时候才能更有底气、才能言之有物、才能让说出口的话发挥作用。这也正是沟通时注重倾听的价值之一。

但这并不是说我们应该一言不发，而是很多话最好不要随便说出来，认准时机和对象，该说的时候再说。如果我们在该说的时候保持了沉默，则会酿成失败的沟通，甚至失去别人的信任；在不该说的时候说出来，就会失言得罪人。所以认准说话和不说话的时机与对象才是"吉人寡言"的关键所在。

礼节和修养——听出来的个人魅力

人有两只耳朵一张嘴，本就是告诫我们要少说、多听。但非常可惜的是，在现实生活中，我们大多数人都只喜欢说，一味地宣泄自己的主张，认为在沟通中滔滔不绝地说个不停，就能够向他人展示自己丰富的知识和聪明才智，故而极少有人愿意静下心来倾听他人心中真正的需求和看法。其实这是不成熟的表现，反而会令自己的个人魅力大打折扣、人际关系一落千丈。

在英国作家简·奥斯汀的作品《傲慢与偏见》中有这样一个情节：

伊丽莎白参加一个茶话会，茶话会上有一位刚刚从非洲旅行回来的男士正在讲述自己在非洲的见闻。伊丽莎白从头到尾都没有说什么话，但在最后，那位男士却非常肯定伊丽莎白的沟通能力，他对别人感叹道："伊丽莎白是一个多么善解人意的姑娘啊！"

伊丽莎白的故事表明了一个道理：越是善于倾听的人，人际关系越融洽。在家庭关系中，当我们善于倾听家人的烦恼时，我们的生活会更加和睦；和朋友沟通，当我们用心倾听朋友的言谈时，会更容易赢得朋友的信任和尊重。这是为什么呢？

卡耐基说过："对和你谈话的那个人来说，他的需要和他自己的事情永远比你的事重要得多。在他的生活中，他要是牙痛，会比发生天灾人祸、有数百万人伤亡的事情还要重大；他对自己头上小疮的在意，要比对一起大地震的关注还要多。"诚然，人总是以自我为中心的，有着一定的倾诉欲和表达欲，会通过谈话的方式来宣泄自己的烦恼，不管是你还是对方都不例外。这时候想要顺应对方的心理去展示你的个人沟通魅力，倾听就显得极其重要了。

很多时候，善于倾听不仅能够使我们快速地交到朋友，还能帮助我们提高个人形象，赢得他人的赞赏。原因就在于倾听本身就是对说话者的一种赞美，一种褒奖，它不仅仅是一种交谈的艺术，还是一种礼节、一种修养。善于倾听的人会给他人留下彬彬有礼、沉稳大气的好印象，非常容易收获一份良好的友谊。

多数情况下，当身边的朋友向我们倾诉一些烦恼的时候，正是基于信任才会将一些话说出口，耐心倾听的行为能够表现出我们对朋友的尊重。如果我们在倾听了他人的意见之后再发言的话，能够令对方的自尊心和倾诉欲得到满足，心理上的愉悦会在无形之中转变为对倾听者的好感，拉近双方的距离，更容易建立起良好的人际关系。女生可能会对此有深切的认同，让一个女孩跟另外一个女孩关系变得好起来并不是那么复杂的事情，只要两个人共同知道一个秘密，那么两个人的关系自然就会比他人更为亲近。一个倾诉，一个倾听，一次看似无足轻重的沟通就能够构建一份难得的友谊。

倾听还有一个好处，那就是完整地听完对方的话再发表意见，会让他人觉得我们所说的话是经过一番深思熟虑才出口的，因而更容易让人感受到我们思维方式上的魅力，更容易获得他人的信任和支持。

人称"经营之神"的松下幸之助在谈及自己的经营哲学时总结了一句非常简单的话："首先要细心倾听他人的意见。"

1965 年，日本的经济陷入低迷状态，市场环境非常糟糕。当时松下电器的代理店和销售业务都有严重的损失，松下企业一度陷入困境。为了改变现状，松下幸之助决定听取其他人的观点和建议，调整销售战略。但他改革整个销售体系的决定遭到了许多代理商的强烈反对。

但松下幸之助顶着重重压力，和一千多家销售行业的负责人进行了商谈。会议的最初，松下幸之助说："召开这次会议的目的就是想了解一下大家对改革销售体系有什么看法，现在无论你们反对或是赞同，都可以发表自己的意见，我会认真聆听。"接下来，松下幸之助先请那些强烈反对改革销售体系的人发表了自己的意见。负责人讲话的时候，松下幸之助安静地坐在一旁充当了一个合格的倾听者。

直到所有人都发表了自己的意见，松下幸之助才站起来详细地为大家讲解了改革销售体系的目的，并说明新的销售方案。松下幸之助说完后，情况发生了极大的反转，原来那些强烈反对他的人非但没有一个人反对他的改革措施，反而纷纷表示理解和支持。于是新的销售方案得以成功推行，松下企业的危机得以解除。

这次会议的完满结束与其说是松下幸之助言谈的成功，不如说是倾听的成功。销售业负责人的不满情绪通过有力的倾诉得到了消解，因为松下幸之助的倾听不仅仅是对其他销售负责人意见的采纳，更是对他人的尊重、信任和理解。这样富有个人魅力的企业管理人又怎么会得不到他人的支持呢？正是因为善于倾听，松下幸之助在经营管理的道路上才得以走得更远。

可见，掌握了听与说这两个重要的技巧，在与他人交流时我们就能更轻松地树立优质的个人形象、完成有效沟通，让沟通在人际交往中发挥出更大的作用。

有效信息的获取——听与说的实际应用

海明威说过这样一句话："我们用两年的时间去学会说话，却要用六十年来学会闭嘴。"说话和倾听是人与人交往中的两个至关重要的沟通方法，都需要我们加以苦心钻研和学习实践。如果你能钻研好这门艺术，便可以在生活中得到更大的成功。

古时候，有一个周边小国派出使臣到中国来朝见皇帝，为了表示顺从，他们朝贡了很多的金银珠宝和当地的特产。其中，最为特别的是三个一模一样的金人。这三个金人工艺精湛、栩栩如生，皇帝看到以后非常喜欢，正准备命人收入库房时，使臣站出来说道："且慢，皇帝陛下。我们知道您很喜欢朝贡的礼品，但是有一个问题我们想要贵国帮助解答。"皇帝被勾起了好奇心，疑惑地问道："什么问题？你说说看？"使臣来到三个金人面前说："这些金人是我们采用同样的工艺造出来的，贵国能不能帮我们鉴别一下，这三个金人之中哪一个金人更有价值呢？"

这时一个臣子说道："这有何难，陛下您传召珠宝匠一一称过，就知道答案了。"皇帝于是召来全国最好的珠宝匠，让他们帮忙辨别。这些珠宝匠分别称过了三个金人的重量，又仔细观察了三个金人的铸造工艺，但他们都没能比较出哪一个金人更好些，因为无论是从重量上看，还是从工艺上看，三个金人都是一模一样的。

皇帝一听，也发愁了，如果让使臣知道人才辈出的泱泱大国，居然没有人能回答这种小问题，这不是太可笑了吗？这个问题解答不出来，不但皇帝不好意思再去收其他小国的贡品，就连整个国家都要颜面扫地了。

就在皇帝一筹莫展的时候，一个老臣走上前来说："臣有办法分辨三个金人哪个更有价值。"皇帝一听高兴极了，连忙将使臣和众位臣子请到大殿，听这位老臣的解释。只见老臣胸有成竹地拿起三根稻草，先是插到了第一个金人的耳朵里，结果稻草从另外一只耳朵里掉了出来；插入第二个金人耳朵里的稻草则从嘴巴里掉了出来；插入第三个金人耳朵里的稻草则直接掉进了金人的肚子里。

老臣指着第三个金人说："这个最有价值。"皇帝和群臣都不明所以。老臣侃侃而谈："第一个金人听的时候左耳进右耳朵出，这种人最没有价值；第二个金人听到的东西都会说出去，做事没有自己的原则和底线；第三个金人听进去的意见都牢牢地记在了心里，所以它最有价值。"使臣听完默然无语，跪下来表示叹服。

这则故事意在告诉我们：最有价值的不一定是最能说会道的人，

那些真正懂得倾听、善于倾听的人，往往更为聪明和成熟。美国商业偶像第一人李·艾柯卡说过这样的话："假如你要发动人们为你工作，你就一定要好好听别人讲话。"他之所以会有这番感悟，因为他明白看似被动的倾听行为实际上是一种积极的获取行为，能让我们在闭嘴的同时开放自己的大脑进行有价值的思考。

由于个人的成长环境不同，接受教育不同，生活经历不同，所形成的三观自然也就各不相同，思考问题的角度也各不相同。让全然不同的两个陌生人达成沟通和理解，这本就不是一件非常容易的事，所以古人才会发出"万两黄金容易得，知心一个也难求""悲莫悲兮生别离，乐莫乐兮新相知""人生得一知己足矣"这样的感慨。如果说语言是表达自我的过程，那么倾听就是接受他人的过程。接受他人是沟通中必需的环节，缺乏接受行为的单向沟通，其结果常常是做无用功，更无益于结交新朋友和加深与老朋友的感情。

在倾听的过程中，我们会协调调动听觉和视觉，此时的大脑在不知不觉中高速运转，思想、情感、信息是兼收并蓄的。通过倾听，我们不仅能够更加快速地获取有效信息，了解他人的兴趣爱好、性格特征、内心想法，还能够结合他人的言论产生新的观点和想法，以便在与他人沟通时做到有的放矢、游刃有余，从而促使自身目标的达成，这对于我们的思维能力来说同样是非常有利的。

不过，生活中大多数时候我们与他人沟通不需要对彼此有特别深刻的了解，我们只需要和某些人达到点头之交或泛泛之交的程度，就可以达到自己想要的目的。比如，我们去附近的超市买东西，对于超市的服务人员我们不必做深度的了解，因为生活中我们与他们产生的交集并不多，所以我们可以省去沟通这一过程，直接办事。当然，那些乐于交朋友的人可以通过与他人闲聊从而达到初步的了解。

对于要相处四年的大学同学、抬头不见低头见的室友、工作中的同事、经常一起玩耍的朋友等，我们要做的沟通就非常必要了。因为我们和这部分人在生活中要产生的交集太多了，从他们身上获取对我们有用的信息、和对方建立良好的人际关系能够帮助我们更好地生活。

小D跑到公司的财务部去办理相关手续，由于财务部人手不足，在职的又多是背景很硬的关系户，所以财务部的人对待这些"添麻烦"的业务员态度非常差。

为了早点办完手续，小D和其他同事从早上七点一直等到九点半，财务部的人才姗姗来迟。令小D感到郁闷的是，负责帮他办理手续的同事甲是公司出了名的女魔头、暴躁狂，一点都不能催，而且听不得其他人的半点怨言。

排在小D前面的还有三位同事，前两位同事办完手续都已经花了将近两个小时。由于漫长的等待和财务部的迟缓，第三位同事的不满情绪终于爆发了，他和同事甲大吵了起来，同事甲也非常气愤，直接把第三位同事的相关资料推到了一边，拒绝为其办理业务。第三位同事眼见财务部没人给他办，抱着资料骂骂咧咧地走了。

终于轮到了小D，但这时候的小D无疑是撞到了同事甲的枪口上，怎么能够快速平息同事甲的怒火，顺利地办完自己的事情呢？小D快速地思考了一下，开口说道："哎，您别生气，刚才的情形我都看见了，您大人有大量，别跟他计较那么多。"同事甲方才的一腔怒火找到了和平宣泄的出口，语气也变得软了起来："本来就是，我又不在他那里领工钱，凭什么要看他的脸色做事。"

小D接着说："我刚才也认真观察了，财务部四个办事窗口，只有您办事态度最认真，一直不厌其烦地指导我们怎么填资料。"

同事甲被小D夸得有些不好意思，还有些自得，办事速度也快了起来。眼看到了午休时间，同事甲为了不耽误小D办事，还主动帮小D跑到财务部长办公室盖了章。一连串复杂的手续半个小时就搞定了，大大节省了小D的时间。借着这个契机，小D还和同事甲交上了朋友，并认识了财务部的其他人。此后，每当小D去财务部办手续时，财务部人员的态度都非常友好，一路给他"开绿灯"，小D的办事效率也越来越高了。

有句话说得好："听君一席话，胜读十年书。"这就是沟通的妙用，倾听本身就是一种具有高收益的投资决策。这种投资的成本非常低，只要我们花费一定的时间和精力去用心倾听倾诉者的言论，就能够收获倾诉者言谈举止中透露的信息，轻松地获得巨大的收益。

小 D 无疑属于会倾听、会说话、会"投资"的人，他能够巧妙地运用倾听和交谈两种方式来摸清对方的性格和情绪，由此促进自己与他人之间关系的和谐，这样的人在生活中必然处处逢源。

倾听五层次——做主动的倾听者

倾听属于有效沟通中的必要部分，看似被动，本质上却是一个主动的过程，需要调动倾听者的积极性。从狭义上来说，倾听指的是我们借助听觉器官去接收别人的语言所传达出来的信息，但倾听不只是用听觉器官去听这么简单，我们通过听觉器官接收他人传达的信息之后，还需要全身心去感受对方在谈话时所表达的语言信息和非语言信息，进而通过大脑的思考完成对他人的认知和理解，这才是倾听的完整过程和必需态度。

小A的妻子回到家里，把门摔得特别响，换鞋、放钥匙和包也弄出很大的动静。小A正沉溺在游戏中，对妻子弄出来的响声置若罔闻。

妻子走过来对小A说："累死了，今天不想做饭，我们点外卖吧。"小A忙着打游戏，眼睛未离开屏幕，所以没有注意到妻子的反常，他随口应付道："行啊，反正我不挑食，你看你喜欢吃什么，随便点。"妻子转身去拿手机点外卖，点完之后又捧着手机来到了小A旁边。

在玩手机的过程中，妻子频频叹气，小A却只顾着玩游戏。妻子看得眼花缭乱，抱怨道："你怎么只顾着玩游戏啊，我都快烦死了，你就不能关心关心我？"游戏到了关键的时刻，小A舍不得下线，顺口问道："怎么了？"

妻子听到小A的回应，开始倾诉自己的烦恼："从早上去上班就非常不顺心：在地铁里不知道那个缺德鬼偷了我的钱包，到公司的时候还迟到了，最倒霉的是平时其他人就算迟到半个小时老板都没有说什么，可我就迟到了这么一次还偏偏撞到了枪口上，老板居然在早会上点名批评我，真是过分。还有我旁边的张姐，明明是要她负责的工作，非要推给我……"

妻子连愤怒带委屈地说了一大堆，小A开始只是应付性地说了几个"嗯""哦""然后呢"，后来游戏打到关键时刻他也顾不上妻子了，全心地扑到了游戏上。妻子显然也倾诉得非常动情，没有注意到小A的心不在焉，说着说着，委屈得都要哭出来了。

这时，小A赢了游戏，兴奋地大吼了一声，一回头正对上满脸惊愕和愤怒的妻子。本来就心情不好的妻子见到自己被小A如此冷落，自然更加愤怒。于是她一把关掉电脑电源，与小A争吵了起来。小A虽然有些愧疚，但由于妻子切断了电源，他没能和游戏中的队友交代一声便匆匆下线，觉得非常失礼，所以对妻子切断电源的行为异常不满，不满压过了愧疚，两个人吵得不可开交。

小A认为自己没有错，妻子心有不满想要倾诉，他也做了忠实的听众，只不过没有给出妻子想要的回应，便被妻子迁怒，这根本就是妻子在无理取闹。事实上，真的是因为妻子太过分了吗？还是小 A 单方面不懂得如何倾听呢？

很多人都和小 A 有着同样的看法：倾听不就是他人在讲话的时候，我们竖着两只耳朵听吗？这其实是不懂得倾听的表现，倾听与听是不能够画等号的。试问，当我们心情激动地想与身边的朋友分享我们的心事时，朋友漠不关心地盯着手机屏幕，淡然地回了我们一句"哦"的时候，我们的心理感受会是怎样呢？肯定会觉得不太舒适。对一个人掏心掏肺，对方却不为所动，这会让倾诉者觉得没有得到倾听者的尊重，以至于丧失倾诉的欲望，甚至会对两人的关系造成损害。

根据用心动情的程度，倾听通常可以分为五个层次：

第一个层次是出于生理的听——听而不闻。虽然能听到倾诉者的话，但思维并没有与倾诉者所说的内容产生任何关系，这种情况类似于我们身处在候车室、购物广场等地方所做的"倾听"，此时入耳的声音纷乱复杂，有汽车轰鸣，有超市门口的减价信息，有街边路人的闲聊……我们的耳朵能够清楚地接收到这些声音，但不会对此做什么思考，因为这和我们关系不大。

第二个层次是被动地听。比如小 A，他并没有认真听，虽然他也分出一点注意力给妻子了，但左耳朵进、右耳朵出，这部分注意力与他倾注在游戏中的注意力相比是微不足道的，他能给出的回应只是一些无意义的音节。如果让他复述妻子所说的任何一句话，恐怕他都很难做到，这便是消极被动地倾听。

第三个层次是有选择地倾听。人与人之间的兴趣不同，在沟通的时候感兴趣的话题也不同，所以就会出现选择性倾听，即挑选自己感兴趣的那部分进行倾听，对与自己相左的意见则充耳不闻。在这样的情况下，只有当谈话涉及了合自己口味的话题，才能真正听得进去。这种倾听难免会对信息的接收产生一定的影响，造成偏信则暗的局面。所以这种层次的倾听也是不可取的。

第四个层次是专注倾听。倾听者会保持始终如一的积极态度，甚至能够复述出倾诉者所说的内容，虽然能够获得大量的信息，但至于倾听者是否真的能够听出来倾诉者的本意，则是未知数。

第五个层次是有同理心地倾听。就是在沟通中进行积极的换位思考，设身处地地去倾听他人的想法。有同理心地倾听，目的不在于做出恰如其分的反应，而在于通过沟通去了解他人的想法、观点和感受。认真倾听的过程中，不仅需要耳朵专心去捕捉他人发散的信息，还需要眼睛跟肢体动作相配合，尽可能地让自己感同身受，从而实现高水平、高质量的沟通。

这是倾听的五个层次中的最高境界，是一种专注的倾听，也是沟通中每个人都渴望掌握的技巧。当我们学会有同理心地倾听时，就能够通过技巧性的询问令不愿意表达意见的倾诉者坦诚地讲出自己的观点，从而解决问题。

美国著名主持人林克莱特曾经在节目上与一个小男孩进行沟通，

林克莱特问道："小帅哥，你长大以后想要做什么呀？"小朋友壮志满怀地说道："我想要成为一名飞机驾驶员！"林克莱特接着问他："那如果将来有一天，你驾驶的飞机飞到太平洋上空的时候燃料用光，所有的引擎突然熄火了，你会怎么做呢？"小朋友认真地思考一下，然后回答道："我会告诉飞机上所有的乘客，绑好自己的安全带。然后我打开降落伞跳下去。"

现场的观众哄堂大笑，就连主持人林克莱特也乐得东倒西歪。无疑，此时大家都认为这个孩子只不过是一个幽默的自私鬼。孩子被他们突然的发笑弄得手足无措，差点哭了出来。林克莱特继续追问他，问他为什么要这么做。孩子显得有些委屈，他在林克莱特的注视下开口说道："我只是回去拿燃料，我还要回来的。"

孩子话音落地，现场一片沉默。大家这才发现，这个孩子的善良与悲悯远远超出了他们的想象。

现场的观众包括林克莱特都在听孩子讲话，但是他们显然并没有做到有同理心地倾听。孩子的想法固然过于单纯，但这无疑是他最真挚的想法。而在场的所有人却以复杂的思想揣度了一个孩子纯洁善良的内心。

我们常常犯这样的错误，听话听一半，曲解他人的想法和言论，这才造成了沟通不畅和彼此的误解。抓住沟通要领的人沟通起来事半功倍，抓不住沟通要领的人沟通起来往往适得其反。所以有些时候，当我们在与他人沟通的时候不妨想一想，自己是否真的听懂了对方话里的意思，并尝试着进行换位思考，认真了解他人的为人和思想，而不是一味地将自己的想法强行地投射在他人的言谈之上。如此多次探索、实践之后，想要做到有同理心地倾听也并非难事。

倾听四技巧——听、说如何兼得

莎士比亚说过："最完美的说话艺术不仅是一味地说，还要善于倾听他人的内在声音。"倾听和说话是沟通的两种最基本形式，善于言谈的人，能够在最短的时间里找到沟通的切入点，寻求共鸣，加强彼此的认识和了解；善于倾听的人，能够轻松地掌握他人的想法，促进彼此间情感的交流，加深彼此的关系，有助于个人人格和思想的完善。作为沟通中的两个有效途径，倾听和说话是否能够同时进行呢？

世界汽车销售第一人乔·吉拉德，曾经因为连续十五年创造了汽车销售最高纪录而被载入吉尼斯大全，但乔·吉拉德并不是没有推销失败的时候。

有一次，乔·吉拉德向一位男性顾客推荐一款新型汽车。他的接待充满了职业热情，推荐的过程中，他详细地为这名顾客介绍了新车的性能和优点。客人听完他的介绍也非常满意，正打算着手办理购车手续。但变故就发生在乔·吉拉德从展厅到办公室这短短几分钟之内，客人的脸色越来越难看，最后突然决定不买了，一桩生意就这么莫名其妙地打了水漂。

乔·吉拉德非常沮丧，他不断地反思自己的接待过程，并没有发现自己有任何不恰当的言谈举止，他怎么也弄不明白这位顾客为什么会突然变卦。下班之后，他反复思考，甚至寝食难安，百思不得其解之下，乔·吉拉德忍不住拨通了那位顾客的电话，表达了歉意并希望从顾客那里得知对方变卦的原因。

顾客说道："我今天去买车的时候，你并没有认真听我讲话。签字之前我反复提起我的儿子即将进入密歇根大学就读这一好消息，并对你说我儿子喜欢赛车以及他将来的梦想。我将我的儿子视为我的骄傲，你却对此毫不在意，只顾着推销自己的汽车，这让我感觉我没有得到尊重，我不想和一个根本就不尊重我的人打交道！"

原来这位客人的儿子刚刚考上了名牌大学，全家都非常高兴，所以决定为儿子买一辆跑车。当客人反复强调"儿子"的时候，乔·吉拉德只把注意力放在了车子上，根本没有用心倾听顾客的心声。

卡耐基说过："商业会谈并没有特别的秘诀，最重要的是学会如何倾听对方说话。"乔·吉拉德那时候恰恰不懂得这个道理，所以他在推销后期说再多的话都只是画蛇添足，徒增顾客的不满罢了。这次推销失败之后，乔·吉拉德得到了宝贵的教训，他将这件事引以为戒，时刻提醒自己，在向顾客推销的时候要做到的不仅仅是口若悬河，还要带上感情和真诚去用心倾听顾客的心声。

那么，倾听有哪些技巧？如何协调好听与说的比例，把握住听与说的时机呢？

首先我们要做的就是端正自己的态度，将自己脑海中的固有想法统统倒出去，这样在与他人交流时才不会带着固有的偏见。

一位大学教授向日本明治时代著名的禅师——南隐禅师问禅。南隐禅师用茶水招待他，只见禅师手持水壶往杯中倾注茶水，水杯已经满了，但南隐禅师还在继续倒茶。

大学教授说道："大师，杯子已经满了，您不要再继续倒了。"

南隐禅师意味深长地说道："就像这只茶杯一样，一个人的脑子里面装满了自己的看法和主张，如果不先把自己的'杯子'倒空，怎么能说禅呢？"

伏尔泰说："耳朵是通向心灵的道路。"但很多人会在这条道路上人为地设下各种关卡。在与他人沟通的时候，我们都容易犯"自以为是""先入为主"的毛病，让固有的想法和自己的成见成为沟通的最大障碍。如果看待问题的时候我们已经戴着"有色眼镜"，那么我们又怎么能够真正理解他人的观点和思维呢？当清空了自己固有的看法去沟通时，我们看待问题的方式就会更加客观，这就为我们与他人进一步沟通打下了基础。在沟通的过程中，我们需要保持高度的警觉性，尽量将自己的观点和价值观排除在外，不要急于反驳和争论，而是采取理解的态度进行沟通。

其次，在沟通中要特别注意的一点就是，不要打断对方的言谈。

巴顿将军尝汤的故事就是最好的例子。

在第二次世界大战中，著名的美国军事统帅、美国陆军的四星上将巴顿将军为了显示自己对部下的关心，搞了一次参观士兵食堂的突然袭击。他来到食堂之后，看到两个士兵站在一个大汤锅前，巴顿将军命令道："我要尝尝这锅汤。"

士兵有些为难地辩驳道："可是，将军……"

巴顿将军大手一挥，阻止了士兵的话，他说道："没什么好可是的，给我拿把勺子过来！"

士兵迅速地找了一把勺子递给巴顿将军，巴顿将军接过勺子舀了一勺，他尝了一口之后大声训斥道："这也太难喝了，怎么能给我们的战士喝这种汤呢？这简直就是刷锅水！"

士兵回答道："将军，刚才我正想告诉您这是刷锅水，想不到您居然自己尝出来了。"

听人说话的时候要听完整，这是倾听中非常重要的一点，如果我们只听一半就很容易误解对方真正想要表达的意思，造成断章取义的错误，发言先于思考是倾听中的大忌。

再次，除了专注地听别人说话、不随意插嘴打断他人发言之外，懂得适时发问，也是提升沟通效果的重要方法。一般来说，人们思考的速度要远超说话的速度，当我们思考问题时大脑运作过快，言谈难免会跟不上思维，难以准确地表达内心真正的想法。倾诉的人会发生这种情况，倾听的人也不例外，这就常常会造成沟通中的误解。当我们在没有办法了解倾听者言谈的意思时，不妨适时地发问，把自己的理解向倾听者复述一遍，尽量减少沟通中的误解。

最后，在倾听时，我们除了注意接收对方话中传达的信息之外，还要注意对方的肢体信息，有时候肢体语言所传达的信息更为准确。此外，在他人倾诉的时候要面带微笑，注视他人的眼睛，这也是倾听者的肢体语言，这种反馈能够促使倾诉者说的话更多。

非言语沟通——此处无声胜有声

　　沟通的成功与否，听与说的技巧很重要，志同道合的共同话题和适宜的环境也很重要，只有天时、地利、人和都达到一定的程度，才能促成沟通的"缘分"，才能因为"结缘"而使得人际关系得以完善，才能于言语之外实现心理上的接受和心灵上的互通。

打造缘分——道不同不相为谋

美国心理学家巴克曾经把人类的行为角度作为出发点进行研究，并提出将非言语沟通的信息传递渠道归类为非言语符号的建议。所谓的非言语符号就是指人类在沟通中的各种静态和动态的包含有某些特定意义的信息载体，所以可以分为静态非言语符号和动态非言语符号两种。其中静态非言语符号则包括人的外貌、环境特征、服装饰品、空间距离和情绪控制等。动态非言语符号则包括有声和无声两种，有声非言语符号有叫喊、哭泣声、笑声、呻吟等；无声的非言语符号则是指人体的肢体动作、声音、气味、色彩等。

也许我们平时并没有特别注意过，但在我们的日常生活中，非言语传播随时随地都在进行。生活中，很多人都喜欢用"缘分"这个词。比如，著名爱情神话《白蛇传》中，白素贞和许仙两个人是千里姻缘一线牵。男生在搭讪心仪的女生时会说上一句："相逢即是有缘，美女，不如我请你吃个饭吧。"又比如，两个小学同学从分开后再没有见过，直到同学聚会时相见，几个月后两人闪婚，这种喜闻乐见的事我们会说是命中注定的缘分。还有，在恭贺他人新婚之喜的时候，我们会说新郎新娘的结合是金玉良缘……

　　其实所谓"缘分"，也可以理解为一种静态非言语符号，主要表现在空间距离上。分析人际关系时我们不难发现，那些距离我们越近、抬头不见低头见的人，跟我们的生活有很多的交集，除了家人就是经常联系的朋友，我们了解得越深，彼此间的关系就会越密切，这便是我们与他们之间的缘分。而当女生之间关系密切的时候，甚至会出现生理期重叠的神奇状况。我们也常说很多夫妻有夫妻相，因为两个人在一起生活得久了，生活习惯趋同，表情动作彼此模仿，这样相互影响之下，两个人会越来越像。也有科学家指出，外貌特征相似、性格相同的夫妻在很多事情上会比个性相差过大的夫妻更容易产生共鸣。

　　很多人可能连小学同学、初中同学、高中同学甚至大学同学的名字都记不住了，因为大家生活的地方天南海北、从事的职业五花八门，生活中没有必要的交集，所以他们非常自然地被排除在了我们的圈子之外，保持着"无缘"的空间距离。而对于有些人，我们非常欣赏他们的思维方式和行为特点，但由于时间和空间的距离、生活水平的差距等，我们往往很难在工作、学习或者生活中与他们有近距离的接触，这便是缺乏缘分。这时候即便我们想沟通，也没有什么机会。

　　此外，人是具有多面性的，在不同的环境之下，人的态度也有着各种各样的差别：在陌生人面前矜持得像只兔子，在熟人面前则像撒欢打滚的哈士奇。在陌生人面前，人们的表情多带有警惕和戒备；在公司工作的时候，人们多是表情严肃的；到了家人朋友面前，我们才会真正放下防备，丢掉面具。

不仅仅是沟通态度，人们在不同的对象面前所表现出来的沟通方式也各不相同。对于不熟悉的人，我们会小心地收敛我们的本性。而那些越是相互熟悉的人，开起玩笑来越会肆无忌惮，因为彼此都清楚对方的底线在哪里，在安全的情况下，开一些不伤害他人的玩笑反而有利于密切彼此的关系。在跟信任的人沟通的情况下我们也更愿意敞开心扉，讲的话更多。

在缘分这种说不清道不明的非言语沟通的作用下，两个人从最初素不相识的陌生人，变成点头之交，再由点头之交变成彼此了解的朋友，然后逐渐演变为亲密无间的至交好友，这是一个非常神奇的过程，也是我们升华友情必须经历的一个过程。

那么，通常我们容易和什么样的人产生缘分、成为朋友呢？尽管人与人的相处过程中，需要通过沟通来进行了解，但就算是两个人天天都能见面，想要做到真正相互了解也是比较困难的，否则，古人也不会写出"白首相知犹按剑""知人知面不知心"等诗句。毕竟人心隔肚皮，每个人的所处位置不同、思维方式不同、所持观点不同，在很多问题上都容易出现分歧，这也正是沟通中普遍存在的原因。如果我们能遇到非常有缘的人、能一拍即合地成为彼此的知心朋友，除了空间距离的因素之外，对方的身上往往还会存在一个显著特征：和我们有着共同的爱好和人生观念。在法国作家安托万·德·圣埃克苏佩里的著作《小王子》中，小王子的交友经历就是一个极好的例子。

  小王子乘着候鸟离开自己生活多年的B612星球到其他星球旅行。在第一个星球上，他遇到一个统治欲望强烈而无一个国民的国王，两个人进行了对话，但不是有效沟通，小王子无法理解国王的统治欲望，更无法理解为什么一定要等到某一个时刻才能够看到太阳落山；在第二个星球上，小王子遇到了一个自以为是且虚荣的人，他要所有人都崇拜他，虽然小王子暂时对这个虚荣的家伙脱帽致意的行为感兴趣，但他却无法理解。

  后来，小王子又游历到其他星球，分别见到了一个消磨光阴的酒鬼、一个唯利是图的商人、一个循规蹈矩的点灯人和一个学究式的地理学家。小王子前前后后游历了六个星球，但他没有和这些人实现任何有效的沟通，因为他们之间的经历不同，价值观差别也太大了，彼此了解可谓是难上加难，以至于小王子都不想停留。

  在地球上，小王子遇到了狐狸，他们从最初的陌生到熟悉，两个人的贴心交流实现了彼此间的有效沟通，建立了亲密的关系，小王子也从狐狸那里明白了爱的真谛。

  科技的发展让我们的交友范围更广，这种"物以类聚，人以群分"式的沟通交友方式的挑选条件也更加细致：喜欢动漫的人有相应的动漫社区可以沟通交流、喜欢手工制作的人有手工制作社区、热爱运动的人也有各种运动社区等。庞大、迅捷的网络系统在一定程度上缩短了人与人之间的空间距离，不仅方便了我们的生活，还让我们更为便捷地找到了志同道合的朋友。而日常生活中也是如此，看电影时，我们会想找个有同样观影喜好的朋友一同观看，以便分享观后感；逛街的时候，我们会约那些爱逛街的朋友而不是那些喜欢网购甚于实体店的人；外出旅游的时候，我们会和喜欢旅游的人一块儿出去而不是那些喜欢宅在家里的人。

彼此间兴趣爱好的相似性决定了人际关系的密切程度。也就是说，空间上的接近、彼此之间的熟悉度和相似性会对我们的人际关系产生一定的影响。而这些元素并不会主动发出什么声音，它们基本上都是以内心的自我感知、无声的非语言沟通来实现的。

与此同时，我们与另一部分人的沟通却显得困难重重，那多是一些我们不熟悉、不了解的人。为什么与不同的人沟通下来会有不同的结果呢？细心观察之后我们会发现，沟通效果既会受到沟通双方个人因素的影响，也同时会受到沟通环境的影响。

在个人因素方面，沟通的一方表达能力不足、传递信息不恰当不及时的话很容易产生误解，而当沟通的另外一方情绪不适合沟通、理解能力出现障碍，或者是在沟通的过程中有选择地接收信息、将部分自己不感兴趣或者是不喜欢的信息过滤掉的话，那两者根本就不能实现有效的沟通。另外，每个人的成长背景、性格、人生经验、教育程度、思维方式、理解能力、价值观念等各不相同，在思考问题和沟通的时候也难免会受生长环境和文化水平等影响，必然会有一定的知识局限性，在这种情况下也很难实现有效沟通。对牛弹琴的故事想必大家都不陌生：

战国时期，有个名叫公明仪的音乐家，作曲演奏俱是一绝，广受众人追捧。他尤其善弹七弦琴，悦耳动听的琴声听得众人如痴如醉。公明仪喜欢踏青，常常抱着琴到郊外演奏。

有一次，他看到一头牛正在吃草，四周风景秀丽，他不由得来了兴致，把琴一摆，为这头牛弹奏起来。但老黄牛依旧低头默默吃草，对于公明仪的美妙琴声无动于衷。公明仪心想可能是这曲子太高雅了，换个通俗点的小曲试试，可老黄牛甩了甩尾巴还是低头吃草。公明仪不信邪了，使出浑身解数弹起了自己最拿手的曲子，可是效果依然不好，老黄牛甚至甩了甩尾巴走了。

公明仪见状伤心极了，以为自己的曲子不好听。这时旁边的人劝道："不是你的曲子不好听，是你弹的曲子不合牛的耳朵。"最后，公明仪只好抱着琴垂头丧气地回去了。

公明仪想通过弹琴和牛沟通，但公明仪不懂得牛的心思，牛也不懂得公明仪的想法，他们之间语言又不通，沟通失败是必然的。但如果公明仪不是拿琴声，而是拿鲜嫩的青草与牛沟通的话，牛也许会给他一些回应。我们和他人沟通也是如此，在了解他人想法、求同存异的基础上，抓住对方和自己有交集的那部分话题去进行沟通才不会不欢而散。

在沟通的环境方面，我们可以发现，由于沟通的内容不同，沟通的环境也会有所不同。商业会谈一般都在各个公司的会议室举行；公司的茶水间则是普通员工闲聊放松的好去处；情侣之间谈情说爱会找一个安静的小公园或是气氛静谧、灯光昏暗的咖啡厅；朋友之间的闲聊嬉闹不会在办公室进行。在恰当的时间地点，说恰当的事，才能够让沟通得以继续。

而选择不恰当的时间、地点沟通的话，只会影响信息的传送。举个最简单的例子：如果一个人的生命正处于危急时刻，那么，就算给他讲再好笑的笑话也未必笑得出来。白领们也常常说"下班的时候不要谈工作"，已经忙碌了一整天的员工们好不容易下班可以休息一下了，在该好好放松的时候谈论工作，怎么说也不是一个令人愉快的话题。

总而言之，沟通的成功与否，听与说的技巧很重要，志同道合的共同话题和适宜的环境也很重要，只有天时、地利、人和都达到一定的程度，才能促成沟通的"缘分"，才能因为"结缘"而使得人际关系得以完善，才能于言语之外实现心理上的接受和心灵上的互通。

目光交流——来自心灵之窗的亲切问候

在人际交往中，我们多数情况下是通过无声的动作来沟通思想和感情的。动态无声的沟通主要包括：手势、运动体态、面部表情、触摸、眼神五个方面，其中用途最广是就是眼神。

用眼神交流，是人类的一种本能。心理学家发现，婴儿学会说话之前，目光会跟随着他人的目光，用眼神来进行交流。一旦父母的目光离开，婴儿的笑容也会随之消失，当父母把目光移向某一个位置的时候，婴儿也会朝这个位置看过去。

眼睛是人们心灵的窗户，眼神是人最有灵性的一部分。我们的祖先很早就发现了眼睛的妙用，在浩瀚的成语词典里，关于眼睛的词汇非常之多，比如眉开眼笑、含情脉脉、顾盼神飞、暗送秋波、眉目传情、目光如炬、横眉冷眼、鼓睛暴眼等，这些词语无不说明了眼睛能够传递出多种情感讯息。美国十九世纪著名哲学家拉尔夫·沃尔多·爱默生曾说："人的眼睛和舌头说的话一样多，不需要字典，却能够从眼睛的语言中了解整个世界。"的确如此，在日常生活中，非言语沟通在人际交往中的作用越来越明显。在 2007 年 6 月 22 日开幕的第二届世界聋人篮球锦标赛中，参赛选手尽管无法用语言进行交流，却依然通过手势和眼神为观众呈现了一场又一场精彩万分的比赛。

我们常说的"只可意会，不可言传"，恰如其分地说明了眼神的重要性。我们不仅可以将平时常见的喜怒哀乐通过眼神传达，还可以运用眼神表达出人们内心丰富、细微的感情，如深情、宠溺、胆怯、恐惧、理解、自信、卑微、骄傲、轻蔑等，这其中有很多感情是人类的肢体语言和言辞所无法代替的。在考场上，如果学生出现了作弊的行为，那么监考老师一个警告的眼神扫过去就能够让学生收起手中的小纸条；对于不喜欢的人或者言论，翻一个白眼就能表达自己的不满。最经典的就是电视剧《情深深雨蒙蒙》中雪姨的扮演者王琳，一个翻白眼的经典动作牢牢地在网友的表情包中占据了一席之地。

《罗马假日》这部电影之所以感人，就是因为演员的眼睛中传递出的丰富情感打动了观众的内心。

在著名的浪漫爱情电影《罗马假日》中，由奥黛丽·赫本扮演的安妮公主作为王室继承人出访欧洲的各大城市，而她欧洲之行的最后一站是罗马。安妮公主厌烦了皇室的规矩，想要像一个普通游客一样尽情阅览罗马地区的优美风光，但她的侍从却以皇室继承人不宜在普通民众面前抛头露面为由限制了她的行动，并给她注射了镇静剂。安妮公主假装睡着，趁着侍从走出房间的时候偷偷地跳窗溜到了大街上，但由于药效发作，安妮公主迷迷糊糊地在路边的长椅上睡着了。

这时，美国新闻社的一名穷记者乔·布莱德里恰好经过那里。乔以为她不过是一个醉酒的女子，所以打算叫来出租车把她送回家。但安妮公主睡得太沉了，乔·布莱德里根本叫不醒她，无奈之下只好将她带回自己家里，把家里的沙发借她睡了一晚。

第二天，侍从发现公主不见之后立马登了公告。乔·布莱德里这才知道自己带回来的少女就是安妮公主，这对于乔·布莱德里来说简直是天上掉馅饼的好事，他本来就打算写一篇关于安妮公主的独家内幕报道。

安妮公主醒了之后吓了一跳，乔连忙解释。安妮公主放心后，向乔借了些钱，独自来到罗马大街闲逛。乔·布莱德里则连忙联系了摄影师欧文，让他做好准备，而自己则悄悄跟踪公主，然后在西班牙广场制造了一场偶遇。

乔·布莱德里成了安妮公主的向导，驾驶摩托车载着她游览罗马，而摄影师欧文则驾驶小汽车跟在后边拍摄照片。安妮公主完全沉浸在罗马的美景中，始终没有发现身后的偷拍者。她率真可爱的样子都被镜头记录了下来。

安妮公主的失踪引发了皇室上下的恐慌，国王秘密派出便衣四处搜寻公主的踪影。乔·布莱德里和安妮公主在水上舞厅参加舞会的时候被便衣发现，由于公主的反抗，便衣采取了强行绑走的行为。乔·布莱德里与欧文和便衣们打了起来，就连率真的安妮公主也参与了进去，最后警察将扰乱舞会的便衣抓获，乔·布莱德里则带着公主逃之夭夭，安妮公主开心极了。

快乐的时光非常短暂，一天过去了，安妮公主不得不回宫去承担自己的责任。但经过一天的相处，她已经和乔·布莱德里擦出了爱情的火花。由于身份悬殊和身上所肩负的责任，他们的爱情注定没有圆满的结局。两个人四目相接深情对望，依依不舍地说了再见。

影片的最后也是故事的高潮部分：安妮公主回宫的第二天举行了记者发布会，在记者会上公主看到了乔·布莱德里，那目光由最初的惊喜转为不能相守的低落，一双明亮的大眼睛盯着乔·布莱德里，仿佛有千言万语要诉说。两人相隔的距离不算遥远，却只能通过眼神来进行无言的交流。

当其他记者问安妮公主最喜欢哪个城市的时候，两个互相凝视的人忽然同时热泪盈眶。安妮公主甚至忘记回答，在侍从的提醒下，她回过神来，盯着乔·布莱德里的眼睛诚挚地说道："我最爱罗马，我在罗马度过的日子定会毕生难忘。"

此刻，无法宣之于口、公之于众的浓浓爱意化作无限深情从她的双眼中传递了出来。在安妮公主走下台和诸位媒体人握手的时候，摄影师欧文被公主的率性和真诚所打动，决定抛弃功成名就的良机，把拍摄的照片送给公主留作纪念。而当安妮公主走到乔·布莱德里的面前时，千言万语都凝聚在两人的眼神之中，时间仿佛在他们的深情对视中静止了一般，但时间又怎么会真的静止呢？安妮公主不得不像对待其他媒体工作者一样和他握手，移开目光，继续向前走。

走上台之后，安妮公主回过头，目光掠过人群，与乔·布莱德里的眼神交汇在一处，久久不愿意分开。以两个人的身份来说，此生已经再无相见的可能了，这一回首便是永诀。最后，安妮公主在侍从的引导下从侧门离开了宫殿，乔·布莱德里盯着安妮公主离开的方向，良久之后，他才一步一步走出了宫殿。

眼神能够传达出一个人的内心情感和心理变化，所以在人际交往中，不同的目光中所流露出的感情语言也是非常不同的。著名的戏曲表演大师盖叫天先生把眼神分为看、见、瞧、观、瞟、飘、眇七种。看是突然听到了什么消息，走上去看一看，这是看的眼神；见则较为正式，像我们去见他人介绍的朋友，相亲时见对象，这都是见；瞧则有打量的意思，上下观察；观是头微微扬起、观看远处；瞟是眼珠转向一边，定住之后从眼梢看；飘则是想看不敢看，脸朝向别的地方，用眼睛的余光去看，一般小姑娘看自己喜欢的人就是这么个眼神；眇则是似看不看，眼神更为轻飘滑溜一些，有漫不经心的味道。

眼神可以表达我们对某些事的看法，能够促进人与人之间的沟通交流，方便我们理解对方的心理。根据眼神所传达的情绪，我们大致还可以将眼神分为以下五种：

》告诫

当追求者纠缠在身边的时候，女神轻描淡写地瞥上一眼，眼神中颇有不屑一顾的意味，这就清楚地传递出了"别费劲了，我看不上你"的意思。

» 抱歉

当我们长时间注视他人令对方不满的时候，迅速地微笑并转移目光则表示了我们无意间冒犯到他人的歉意。

» 谢绝

当我们被他人注视并产生不满的时候，我们瞥上一眼并转过目光甚至转头、转身的时候，则表示"我不喜欢你这样盯着我"。

» 警告

走到路上，街边有人吹口哨或者他人不怀好意地看过来的时候，我们能以敌视对方来表示自己的不满和抗议。暗示对方："离我远点，我可不是好惹的！"

» 拒绝

当对方的目光死死锁定在我们身上时，我们要表达不满可以紧皱着眉头，饱含深意地瞥上对方一眼。

在日常生活中，目光交流是礼貌交谈的要素之一。一个说话时眼神丰富的人常常会给人留下较为深刻的印象，因为当我们在与他人交流的时候，如果我们看着别人的眼睛，会给人一种受到重视和被尊重的感觉。英国的一位心理学家曾做过一个实验：他发现人们在沟通时目光停留在对方身上的平均时长为 2.95 秒。在实验的基础上，他提出了"5 秒钟对话"理念，也就是说，在 2.95 秒的基础上再加两秒钟，这个时间长度相当于我们在阐述自己的观点时看着其中一个听众的眼睛，在与对方眼神交汇时说完了这句话，相当于这句话是对他一个人说的，这样会让人产生一种促膝长谈和诚恳的感觉，更容易令对方情不自禁地点头认可我们的观点。

当我们在与他人交流的时候，运用眼神交流能够让沟通变得更加顺畅，但眼神的使用也要适度。当你与一个非常熟悉的朋友交流时，眼神交流能够增加彼此的默契度；当我们与陌生人进行交流时，眼神交流反而容易造成误会，有时候还不如言语交流和肢体语言交流来得简单直接。由于中西方文化的不同，中国人和西方人在目光交流上也会有一定的差异。西方人的眼神沟通较为热烈，在交流时会紧紧盯着对方，这其实是西方人热情和重视眼神交流的表现，中国人则认为死死地直视着对方的眼睛是不礼貌的。

那么，如何做到适度的眼神沟通呢？心理学家经过研究发现，人们在倾听时有 75% 的时间在注视讲话者，而在谈话时人们会有 41% 的时间在注视对方。而且平均每次注视用时 2.95 秒，而每次对视的时间是 1.1 秒。也就是说，在这个范围内，目光交流是安全适度且恰到好处的。我们既不能老是盯着对方，也不能连看都不看对方一眼，最好的方式就是在交流中断断续续地跟对方进行眼神交汇，停留的时间两到三秒最为适宜。至于眼睛停留的最佳位置则为倒三角区，即对方的眼睛、鼻子、嘴之间的区域。交谈时，我们可以在这几处适时转移，这既不会显得目中无人，又避免了长时间的对视。

　　同时，我们的眼神也应该配合对话的内容、情境进行调整，与我们的肢体动作、面部表情等保持同步，做到内心充实、情感丰富，眼神中流露出自信、真诚等，才能够让沟通效果达到最佳。

笑意盈盈——最美的沟通语言

网络上有这样一个段子：黄老邪教黄蓉武功，先从运气开始。黄老邪把运气的诀窍教给黄蓉之后，便让黄蓉试着自己运气。谁知道黄蓉却在原地傻笑起来，黄老邪问她："我让你运气，你笑什么？"黄蓉答道："爱笑的女孩子，运气都不会太差。"这虽然是一个因为理解出现偏差而造成的笑话，但无意间透露出了一个真理：爱笑的人，运气的确比较好。

微笑是最好的名片。泰戈尔曾说："当他微笑时，世界爱了他；当他大笑时，世界便怕了他。"笑容无声，却是世界的通用语言，是人与人之间交往的通行证。笑容不需要什么成本，富可敌国的人能够拥有它，一贫如洗的人也能够拥有它。在这个广袤的大千世界中，人与人之间千差万别，不同地域、不同国籍、不同肤色、不同宗教信仰、不同风俗习惯的人们尽管语言不通，但一个发自内心的微笑，足以让世界变成一个和谐的大家庭。2008 年中国举办奥运会的时候，虽然语言不通，但千万个志愿者的微笑就是中国的礼仪象征。他们的微笑不仅让其他国家的人们感受到了中国的善意和友好，更换来了世界对于中国的认可与肯定。

　　笑是人类宝贵的财富，能够为我们创造很多价值。古希腊哲学家苏格拉底说："在世界上，除了阳光、空气、水和微笑，我们还需要什么呢？"笑容的确和维持我们生命的阳光、空气和水同等重要。一个真诚的微笑不仅向对方传达了友善的信号，还显示出了个人的自信和礼貌。在与他人沟通的过程中，一个真诚的微笑不仅能让陌生人感受到我们的善意，更能够温暖他人的心田，拉近人与人之间的距离，让我们的心灵更加充实、快乐。笑容还是一把神奇的钥匙，它能够打开人们内心的迷宫，当我们人生失意跌入低谷的时候，一个温暖甜美的笑容就能够带着我们走出黑暗，在凛冽寒冬中让我们感受到春天般的温暖。

　　在一个小镇上，有一位富翁，他有良田千顷，金银珠宝更是数之不尽，但这个富翁仍旧很不快乐，每天唉声叹气。有一天，这个富翁沮丧地走在路上，这时候，富翁的对面走过来了一个小女孩，小女孩用天真无邪的大眼睛静静地注视着富翁，然后大方地赠予这个垂头丧气的家伙一个甜美的笑容。

　　富翁看着孩子天真的笑脸，突然福至心灵，豁然开朗：为什么要放任自己每天闷闷不乐呢？像这个小女孩一样微笑多好啊！就这样，富翁决定离开小镇去寻求梦想和快乐。临行前，富翁为了感谢这个小女孩，给了她一笔巨款。镇上的人都觉得奇怪，小女孩究竟做了什么让富翁如此感恩呢？小女孩坦白道："我并不认识他，也不知道他为什么会给我钱，我只是在遇到他的时候对他笑了笑而已。"

在这个故事里，小女孩一个真诚而充满善意的微笑能够换来巨额的财富固然让人难以置信，但我们无法否认微笑的巨大力量。小女孩的微笑就像一泓清泉，滋润了富翁干涸的心灵。正是从小女孩的微笑中，富翁汲取到了寻求梦想和快乐的力量。

笑容不仅能抚慰人的心灵，还能充当人际交往中的润滑剂，在与他人产生摩擦的时候，一个微笑就能够化干戈为玉帛。鲁迅有一句诗说："渡尽劫波兄弟在，相逢一笑泯恩仇。"我们在生活中难免与家人、朋友产生分歧；在工作上，总避免不了与同事产生摩擦。有时候争得面红耳赤，甚至大动干戈，并不能够成功地帮我们消除这些摩擦，只会让彼此的误解越来越严重。其实，有时候一个释然的笑容就能够轻松消除生活中大部分的误会和分歧。

玛丽是一个独居在家的女子。有一次，她听到有人敲门，打开门的时候，一个男人用凶狠的眼神紧紧地盯着她，手里还握了一把锋利的菜刀。玛丽当即就明白这个男子打算入室抢劫，但是她没有惊慌失措，反而灵机一动，对着这名男子展露了笑颜，面带笑容的玛丽说道："你是来推销菜刀的吧！刚好我需要一把……"

玛丽一边说话一边把这个男人请进了屋子，然后对他说："见到你真高兴，你和我以前的一个朋友长得很像，他和你一样也是一个善良的人，我已经很久没有见到他了。对了，你想喝点什么？咖啡、牛奶还是茶？"

这时男人身上的杀气逐渐消退，歉疚和懊悔爬上了他的脸庞，他结结巴巴地回答道："都……都行，谢谢您了。"

后来玛丽果然掏钱买下了那把锋利的菜刀。这个男人拿着钱慢慢地走出屋子，走到门口的时候，他转过身来对着玛丽鞠了一躬，诚恳地说："小姐，我由衷地感谢您，您的真诚、善良和宽容将改变我的一生。"

真诚的笑容能够抚慰人的心灵，缩短人与人之间的距离，为彼此的进一步沟通打下坚实的基础。当我们做错事情的时候，歉意的微笑和和善的语气又能够最大程度地帮助我们消除对方的怒火、弥补我们的过失。这也就是我们常说的"伸手不打笑脸人"。在家庭中，多一分笑容就能多一分和睦；在人际交往中，多一分笑容就能赢得一分宝贵的友谊；在社会上，如果每个人都笑脸相迎的话，那么这个世界的冷淡和敌意就会被最大限度地冲刷掉。

飞机起飞前，一位乘客拜托空姐给他倒一杯水吃药，空姐非常有礼貌地说："先生，为了您的安全起见，目前我不能给您倒水，请您稍等片刻，等飞机平稳飞行之后，我会立刻将水送过来，好吗？"

但飞机进入平稳飞行状态之后，由于过于忙碌，这名空姐竟然将乘客之前的请求忘在了脑后，直到乘客服务铃声响起的时候她才想起来。她来到客舱，发现摁响服务铃的正是这位乘客，她连忙将水送到这位乘客面前，带着歉意的微笑诚恳地赔罪："实在对不起，先生，由于我的疏忽，耽误了您吃药的时间，我为此深感抱歉。"

乘客并不买账，指着手表大发脾气道："居然要乘客等这么久，你们的服务也太差了！我一定要投诉你。"空姐虽然觉得抱歉，但心里也有一丝委屈，不管她怎么解释、道歉，这位挑剔的乘客就是不肯原谅她的失误。

为了弥补自己的失误，在接下来的飞行途中，空姐每次去客舱为乘客服务的时候，她都会特意来到那位乘客面前，面带微笑地询问他是否需要什么帮助。但这位乘客明显还没有消气，对她的询问爱搭不理。

飞机到达目的地之前，这位乘客要求空姐把留言簿送过去。无疑，他是要写留言投诉这名空姐了。空姐委屈极了，但她仍旧遵守了自己的职业道德，面带微笑地将留言簿送了过去，并再一次致歉道："先生，我再次为我之前的疏忽向您道歉，无论您提出任何的批评和意见，我都将欣然接受。"那位乘客一言不发地接过留言簿，一笔一画地写了起来。

飞机降落之后，空姐本来认为自己这次一定会受到处罚，但令她意外的是，这位乘客写下的并不是什么投诉信，而是一封言辞恳切的表扬信。这位顾客写道："在整个飞行途中，您一再表现出了您的歉疚，而您的十二次微笑更是深深地打动了我。对于您的服务质量我是非常认可的，如果有机会的话，我将继续乘坐你们的航班。"

　　笑容是这个世界上最动人的表情，是一种无声却美好的语言，是上帝赋予人类的宝贵礼物。当我们对他人展露笑颜的时候，收获的往往是同等的友好和善意。我们在看到他人的笑容时也会由衷地感受到一丝愉悦。之前网络上曾流传过一个视频，视频的内容仅仅是一个人在视频里特别开心地笑。这一视频得到了很多网友的转发，大家一致认为这是一个魔性的视频，因为很多人在观看这个视频的时候会不由自主地跟着笑起来。也就是说，开心的情绪是可以传染的，盯着一张微笑的照片时间久了，我们也会不由自主地扬起嘴角。

　　笑容是一种令人感觉到愉快的面部表情，但笑容也是所有表情中最难假装的一种。在作家童亮的作品《住在楼上的狐仙》中提到过这样一个情节：鲤伴去找操控傀儡的雷家二小姐，从傀儡女孩的笑中，鲤伴猜出笑是操控术中最难做的动作，他说："对于真正开心的人来说，笑是件特别容易且自然的事情；对于不开心的人来说，笑是需要很努力才能做出的样子。"

　　当我们在生活中遭遇打击和挫折的时候，很多人都会无可避免地陷入感情的失落期，丧失活力和希望，此时做出一个快乐的表情是非常艰难的，即便展露笑容，我们也能从那笑容中看到显而易见的疲惫和沮丧。而当一个人真正快乐的时候，他的内心会产生一种难以抑制的冲动和愉悦感，这会令他不自觉地上扬嘴角。比如说，拿到了梦寐以求的大学录取通知书、向暗恋的女神告白成功、中了几百万的彩票……这种幸福快乐之感是理智压抑不住的，会令我们浑身上下的细胞都充满了勃勃的生机。

　　笑不仅仅是一种表情，更是一种真情流露。生活的经验让我们能够清晰地分辨出何谓眉开眼笑，何谓强颜欢笑。美国的艾文·格兰特博士认为，人的笑容基本上可以分为五种：一是微笑，这种笑容是典型的会心一笑，人们在微笑的时候，唇部会呈向上的弧形，且不露牙齿；二是轻笑，这种微笑最常出现的场合是跟朋友打招呼或与亲人相逢时的一种笑容，上牙齿会不经意地露出来，欣喜的意味较为浓厚；三是大笑，这种笑容常常出现在非常开心的情况下，笑的时候嘴巴大张，不自觉地露出上下牙齿，一般不对着他人，会笑得前仰后合，而且笑声也非常爽朗；四是抿嘴笑，这种笑容有点类似于轻笑，但与轻笑不同的是，抿嘴笑的时候下唇会含在牙齿之中，这种笑容一般出现在性格较为内向的人的脸上；五是皮笑肉不笑，由于不是真正的开心，笑容不是由内散发出来的，而是在表情上做出的一种伪装，是一个人在假装听懂他人的言论或者笑话的时候做出的一种笑。

　　由于生活压力的加重，很多人都有"笑都不知道该怎么笑"的感慨，更多的人试着强颜欢笑，逼着自己做出一副愉悦的表情。当我们的笑容经过了包装和矫饰，不笑装笑、皮笑肉不笑，那么它还会具有丰富的感染力、能够协调我们与他人之间的人际关系吗？无疑它的效果会大打折扣。笑容的确能够增加我们的个人魅力值，展现出我们有涵养、礼貌、友善、亲切的一面，在人际交往中帮我们加分，但我们不能忽略的是，笑容是积极心态的外在表现形式，最重要的一点是自然、大方，这样才能够最大限度地展示我们的自信和充沛的活力。真正的笑容是发自内心的，充满了个人情感的、表里如一的行为。当我们与他人沟通时，展露发自内心的真诚笑容时，才能真正地让他人感受到笑容中所传递的温暖和善意，引起他人的共鸣，并为他人营造一种欢乐的氛围，令彼此的友情得到进一步的升华。

手势动作——沟通中的指尖舞蹈

在日常生活中，我们需要和很多人进行交流，在和他人交谈的过程中，我们除了会用语言传递信息之外，还会运用肢体动作来表达自己的情绪。比如，孩子在表达不满的时候，会双手掐腰，把头扭向一边，下巴高高扬起，当他想要进一步表达自己的不满时，还会重重地跺脚等。

美国人类学家艾德华·霍尔曾十分肯定地说过这样一句话："无声语言所显示的意义要比有声语言多得多。"国内外很多心理学的实验都证明：相比静止的事物，人们的注意力更容易被"运动着的事物"所吸引。这一点我们从婴儿的身上就能发现端倪，当婴儿同时看到不停转动的玩具和静止不动的玩具时，他们会长时间注视着转动的玩具。

心理学家经过观察和分析发现：人类80%的信息来源于视觉，10%的信息来自于听觉，剩下的10%来自于触觉、味觉等其他感觉。所以当我们要传达一条信息的时候，就要利用肢体语言，在视觉上刺激对方。

除了那些明显的肢体语言，我们会在交流中有意无意地用到我们的双手，通过双手做出各种手势来进行沟通。人的双手是人体活动范围最广、活动幅度最大的部位，它包括从肩膀到手指的活动，还有肘、腕、指、掌各部分的协同动作。双手相比其他身体器官来说是非常灵活的，做出来的动作也千变万化，这能帮助我们在沟通中更为生动形象地表达我们的观点和思想。

手势是人类独有的一套用手掌和手指位置、形状来传达信息的特定语言系统。五感俱全的人在大部分情况下可以通过语言来完成沟通，但聋哑人却不可以，所以他们的沟通方法是利用双手做出手语。手势这种特定的语言系统包括了世界通用的手势和聋哑人使用的手语。除此之外，还有海军陆战队、足球裁判员、交警等也会使用这种特定的语言系统传达信息。

手势作为肢体语言的一种，丰富而又充满内涵，本身就像文字一样富有表现力。巧妙地使用手势不仅能够令我们的语言显得生动、活泼和自然，还能够增强声音的感染力。多数情况下配合语境使用手势语言能够起到很好的表达效果。

在餐厅点餐的时候，我们可以通过举起手、打响指的方式来传唤服务生；当我们走在路上的时候，我们可以通过招手唤来出租车司机；当我们要表达自己的赞同和满意的时候，我们可以通过鼓掌来轻松表达，这无疑大大便捷了我们的生活。那么生活中，我们还会用到哪些手势语言呢？

» 握紧手势

握拳这个动作能够令人肌肉紧张并感受到压迫以至于力量较为

集中，这个手势在人们遭遇外界的挑战、准备进行抗击的时候会出现，一般在赛场上较为常见，有给自己和队友加油打气的意思，也可以用来表现自我紧张的情绪。如果握拳的同时用拳击掌，则是发动攻击的信号，握拳时指节发出咔咔的声响则表示了对他人的威胁和恐吓。

» 十指交叉手势

十指交叉这种手势一般来说表示个体的自信，通常情况下使用这种手势的人神色坦然，面带微笑，在言谈上较为放松。但十指交叉时手指放在不同的位置也代表不同的意义：当将十指交叉放在大腿上、两只手的拇指指尖相顶的时候，主体的内心则是处于比较纠结的状态，有点进退两难和不知所措的意味；如果十指交叉放在脸前的话，则带有忍耐和拒绝的成分。当对方做出这种动作的时候，内心其实已经十分不满了，不适合再与其继续交谈下去。

» 塔尖式手势

塔尖式手势是两手的手指并拢，呈尖塔状放置在胸前，分为上下两种。向上的塔尖手势，一般会在领导者主持会议或教师上课的时候，表示领导者、教师等人的自信、高傲和盛气凌人的心理，同时还能够显示出当权者的独断和傲慢，并对与会者、学生等起到一定的威慑作用。向下的塔尖式手势则是表示让步，这种手势常出现在外交或商业的谈判桌上。

除了这三个较为典型的手势之外，还有我们经常用来表达善意的握手、表示满意的 OK 手势、表示赞赏的竖起大拇指的手势、带有侮辱性的竖中指和表达爱意的伸出拇指、食指和小指的手势等。

手势作为一种无声的肢体语言，运用的场合非常多，但由于文化和习俗的不同，有的地方使用手势的频率较高，有的地方则相反。在南欧地区的很多国家，如希腊、意大利、西班牙等国在沟通中会频繁使用多种多样的手势，有的手势甚至非常夸张；而在中西欧的国家，如荷兰、德国、英国等虽然也会用到手势动作，但运用的频率比较少；而远在北方的北欧诸国，在沟通中运用的手势就更少了，有些国家甚至不会使用手势动作传递任何信息；在亚洲地区，手势的使用也非常频繁。

由于文化差异的缘故，相同的手势在不同的地域上所代表的意义也有所不同，甚至会产生相反的意思。在我国，掌心向下的招手动作，是表示招呼别人过来，而在美国却表示叫狗过来。虽然是同一个手势，所表达的意思却完全不同。如果不加了解和分辨便随意使用，难免会造成误解。

一位巴西商人前往俄罗斯与当地人做生意，虽然语言不通，但经过双方的努力，还是取得了初步的成功，只要一签合同，一单跨国生意就做成了。巴西商人对此非常开心，言谈之余他将右手握拳，并把大拇指放在了食指和中指之间，做出了一个交好运的手势。

岂料，他刚做出这个手势，俄罗斯商人脸上的喜悦就一扫而空，看着他的眼神也少有善意。巴西商人被他看得一头雾水，这时翻译连忙告诉这个巴西商人，他的手势虽然在巴西是交好运的意思，但俄罗斯人的理解则是一种侮辱。巴西人听完之后当即明白了过来，连忙给俄罗斯人道歉，这才挽救了这笔眼看就要付之东流的大生意。

一位美国的企业家前往法国做酒的生意时，参加了法国人举办的欢迎宴会。在宴会上，这名美国人品尝了闻名已久的法国香槟，口感果然醇美无比。美国企业家喝完之后连声称赞，并做出了OK的手势。宴会的主人看到后脸色立刻沉了下来，其原因是两人对手势的理解出现了分歧：在美国，OK的手势无疑是赞赏和满意，但在法国南部地区，这一手势却恰恰表示了商品品质低劣的意思。还好有助手的及时提醒，才让美国的企业家明白了自己的失误，经过诚恳的道歉后，两人之间的误会才消除。

日常生活中，我们在打手势的时候也要注意礼仪，在沟通中恰当地使用手势，不仅能够增强语言的表达效果和感染力，还能增加谈吐的魅力，为自己加分。所以，要想成为一个拥有良好谈吐的人，必须重视手势的特殊作用，了解了手势表达的含义，积极规范自己的手势动作。但我们在运用手势时，也应该根据不同地域、场合和目的恰当运用，不可过度，避免无事生非，影响沟通效果。

33

肢体语言——身体或许比嘴巴诚实

晚清时期的名臣曾国藩有一个非常特殊的能力——识人。

有一天，曾国藩的学生李鸿章带了三个后生前去拜访他，让曾国藩为他们分配职务。曾国藩有个习惯——饭后散步，李鸿章他们刚好赶到了这个时间点，李鸿章就自己先进里屋了，让那三个后生在厅外等候。

过了一会儿，曾国藩散步回来了，李鸿章连忙禀明自己的来意：让曾国藩考察一下这三个后生。曾国藩摆摆手说："不必考察了。面向厅门站在左边位置的那个人是个老实人，办事谨慎，可以委派给他后勤供应之类的职务，他必然能够小心行事，不出差池；站在中间那个人是个阳奉阴违的人，不值得托付，做不成什么大事，让他做点无足轻重的事就好；右边那位是个人才，将来必能有一番作为，可以重点培养一下。"

李鸿章觉得奇怪："我都没有介绍过他们，您是怎么看出来的？这样是不是太武断了？难道不应该任用一段时间看看效果再下定论吗？"

曾国藩笑了笑说道："我刚才散步回来经过前厅，看到了那三个人。左边那个人一直低着头，十分拘谨，两只手紧贴着身体，一举一动都是小心翼翼的，目光也不曾乱转，态度特别温顺，所以我判断出他是一个谨慎、脚踏实地的人，适合做些细致的事情，后勤供应这个工作既不需要什么开创精神，也不需要机敏善变，所以最适合他做；中间那个人呢，我路过他身边的时候，他也表现得非常恭敬，可我走过去之后，他立刻就抬起头左顾右盼、四处打量，可见是个两面三刀、狡诈机巧的人，这种人不值得信任，万万不可委以重任；右边那个人看上去浑身正气，双目炯炯有神，态度始终不卑不亢，所以我判断他是可造之材，将来必有一番成就。"

这第三人便是淮军的勇将刘铭传，曾国藩口中的可造之材果然在后来立下了赫赫战功，并官至台湾巡抚。

曾国藩没有跟那三个人说话，却判断出了他们的秉性，他是怎么做到的呢？就是通过观察他们的肢体语言。肢体语言又称为身体语言，是非语言沟通方式的一种，在沟通中有时候可以代替语言，并起到语言无法表达的作用。生活中，除了面部表情和眼神之外，我们还能够通过身体的其他部位，如头、颈、手、肘、臂、身、胯、足等来向他人传递信息，表达自己的情绪。

肢体语言也是演员的必修课之一。不同的角色，其肢体语言也各不相同：手无缚鸡之力的白面书生做不来舞枪弄棒、打家劫舍的事；深宅大院中教养良好的大家闺秀做不出泼妇骂街的姿态。丰富的肢体动作能够帮助演员更好地理解和塑造不同的角色，有时候一个动作甚至能够代表一个人或是一类人。看到有人麻利地从肩膀上抽下来毛巾擦桌子，我们能够分辨出他的身份是店小二；看到电影《夏洛特烦恼》中，沈腾扮演的夏洛在舞台上甩双节棍、踢牌匾，我们能够看出来他是在模仿李小龙。

其实，肢体动作不仅能够代表他人的身份，还能够传递我们的感情。科学研究发现，一个人向外界传达的完整信息是由语言、声调、非语言动作三个方面组成的，其中语言成分占有7%的比重，声调占有38%的比重，而肢体信息占有的比重高达55%。由于肢体动作是人们下意识的举动，所以很少有欺骗性。也就是说，肢体语言在沟通中的确能够真实地反映我们的情感变化。

当心情特别好的时候，我们会"手舞足蹈"；当情绪低落的时候，我们会"垂头丧气"；当听到特别出色的演讲的时候，我们会不由自主地"鼓掌欢呼"；当焦虑的时候，我们会"抓耳挠腮"；当遗憾悔恨的时候，我们会情不自禁地"捶胸顿足"等。可以说，肢体动作有时候比语言更能够表达我们的情绪。

生活中，很多的肢体动作都能够在不知不觉中将我们的情绪表现出来。《福尔摩斯探案集》中有这样一段文字："从一个人的手指甲、衣服袖、靴子、裤子的膝盖处，甚至大拇指与食指间的老茧，以及人的动作、表情等，都能准确无误地判断出他的职业来。如果把这些情形联系起来，还不能使案件的调查人恍然领悟，那几乎是难以想象的事了。"

当一个人趴在桌子上、手托着下巴、眼睛茫然地盯着远方时，我们就可以从这个姿势上解读出疲惫无力、劳累、不开心、百无聊赖等多个情绪信息；当一个人鼓起脸颊、然后又长长地呼出一口气，我们可以判断出他是在通过这个举动来进行自我安慰，释放自身的压力；当一个人摊开双手、耸耸肩膀，我们可以看出他这一动作中包含了无所谓、满不在乎的态度，从这样一个姿势中我们还能够判断出，经常做这一肢体动作的人基本上都是非常热情、开朗好客的人，人际关系必然很好。

当一个人说谎的时候，他的面部表情也许会配合谎言做出一定的调整，但他的肢体动作一定不能够隐瞒。意大利儿童文学作家卡洛·科洛迪在1881年写过一本叫《木偶奇遇记》的书，书中一个经典的形象是木偶匹诺曹，匹诺曹有一个较为显著的特点，只要它说谎，鼻子就会迅速变长。现实中虽然没有这样的事例，但这并不代表一个人说谎时就没有任何端倪。经过观察我们可以发现，当一个人说谎的时候，他会不自觉地闪避开他人的视线，并附带着摸鼻子、挠头的动作。

在沟通中，如果我们认真观察他人的肢体动作就能够获取更多有用的信息。掌握了肢体语言并适当地运用肢体语言不仅会令我们的语言更具有感染力，更容易打动人心，还能够提升沟通的质量，帮助我们更为便捷地建立良好的人际关系。

温暖的拥抱——陪伴是最长情的告白

　　网络上曾流行这样一句话："陪伴是最长情的告白。"在网络通信技术飞速发展的互联网时代，信息交流越来越便捷，社交媒体更是层出不穷，为我们维系老朋友、结交新朋友提供了许多便利的渠道。现在，我们越来越习惯通过手机、网络这些科技产品维系自己的人际关系，通过加入各种圈、各种群、各种论坛等来寻找与自己有共同爱好的朋友，但很多人还是会感到有种难以排解的孤独。

　　这是因为在人类的感情认识中，文字、语言、面对面交流和肢体接触这四个交流方式是逐渐递进的。当我们在网络上对一个人感兴趣的时候，我们可能最开始只是喜欢他的文字、他的思维方式、他的表达技巧，当我们对他的兴趣足够浓厚的时候，我们会想要听听他的声音、见到他的面容，甚至与他有肢体接触。这是一件非常正常的事，就像我们爱上一个人，虽然我们能够和对方通电话，可还是想要和对方见面、约会、牵手、拥抱等。因为升级感情的必要步骤不是通过电话听到对方的声音，而是切实的接触，让他待在自己身边，尽管什么事情都不做，也依然会觉得安心和温暖，这就是无声的沟通、陪伴的力量。

在古风歌曲《牵丝戏》中有这样一则文案：

主角在少不更事的时候，就能够看到一些旁人看不见的、非同寻常的东西。有了这样一个特殊的技能，主角又是初生牛犊不怕虎的年纪，对于稀奇古怪的事情他并不畏惧，加上好奇心比较强，所以常常独自出游，遍览山河风景和各地奇闻轶事。在出游的路上，主角遇到了一个须发皆白的老头，目睹了一件令人感慨的异事。

时值隆冬季节，天上正下着大雪，眼看暮色四合，天色渐晚。为了躲避风雪，主角找到了一个山野破庙。就在这间破庙中，主角遇到了一个演傀儡戏的老头。老头满头白发，看上去年纪不小，但衣衫破旧，身上唯一值钱的就是老人手上提着的一个木偶。这个木偶制作精良，宛若妙龄少女，无论画工还是雕刻都非常逼真，木偶一双顾盼美目栩栩如生，眸间还绘上了一滴珠泪，恰如少女泪盈于睫，分外惹人怜爱。

庙外风号雪怒，主角和老人并肩坐在庙里烤火。相逢即是有缘，两个人闲来无事索性聊了起来，老人说："我小的时候特别喜欢牵丝戏，听到盘铃声就知道是演傀儡戏的卖艺人来了，爹娘拉着打着都不肯走，非要看完戏。等我长大一些的时候，还是沉溺在傀儡戏里无法自拔，这样一来我学傀儡戏的志向就更加坚定了，心想既然喜欢，干脆就以演傀儡戏为业好了。就这样，我跟着卖艺人学起了傀儡戏，每天在三尺红绵台毯上操纵着木偶演戏，自娱娱人。这一演就演了大半辈子，到现在四处漂泊居无定所，无妻无儿无女，身边唯一陪伴着我的就只剩下这个傀儡木偶了。"

　　大概是想到半生流离的孤苦,老人边说边哭了起来。主角在一旁劝说老人不必太过伤怀,并请求老人演一出牵丝傀儡戏开开眼。老人点头同意了,手一抖,盘铃乐先响了起来。老人铺开三尺红绵台毯,一边唱着戏文,一边动手操纵木偶,木偶随着盘铃乐翩翩起舞,举手投足间韵味十足,双眸更是顾盼神飞,婉媚动人,凄艳的深情更令人心醉。主角不得不叹服老人的技艺之精湛,一场傀儡戏结束之后,主角由衷地赞叹道:"您果然是演了一辈子牵丝傀儡戏的人!"

　　老人听到这句话,心里暂且感到了安慰,抱着木偶笑了笑,随即脸色大变,愤怒地说道:"我这一生的落魄都是因为沉溺于牵丝傀儡戏中无法自拔。现在天气这么冷,我却一贫如洗,连个添置冬衣的钱都没有。还不如烧掉这个木偶,还能暂且暖和一下身子。"

　　说完,老人愤愤然地把手中的木偶丢到了火堆里。主角伸出手去抢救木偶,可是已经来不及了,火已经烧掉了木偶那一身绮丽无比的舞袖歌衫,火舌舔上了木偶精雕细刻的细长骨骼,烧得哔剥作响。

　　就在主角感叹着可惜的时候,木偶忽然在火中翩然而起,像个活人一样悠悠地起身作了个揖,弯腰拜别老人,然后它扬起了脸,脸上宛然有两道泪痕。木偶突然笑了笑,咔的一声分崩离析,散落在火堆中。奇怪的是,这堆火没有加太多的柴,却一直烧到天明才逐渐熄灭。

　　老人注视着满是灰烬的火堆顿时明白了些什么,捂着脸号啕大哭起来，就像当年那个被爹娘拦着不让看牵丝傀儡戏的孩子。老人感叹道："你拼尽全力也只不过让我暖一晚而已，可从今天起我这辈子就真的是孑然一身、孤苦无依了。"

陪伴，一个看似简单淳朴的词，其中却蕴含了太多的温暖。人是群居动物，我们之所以和其他人进行沟通、建立人际关系，目的就是为了有人陪伴，赶跑挥之不去的孤独感。在开心的时候，能够有人分享我们的喜悦；在不开心的时候，找到一个倾听者，也许他人不能为我们提供意见，但只要有一双倾听的耳朵、一双善解人意的眼睛，就足以在一定程度上抚慰我们的心灵。

和恋人分手之后，受伤的心灵需要得到来自亲朋好友的抚慰，这时候，通过电话向挚友诉苦和获得挚友贴心的拥抱，哪一个更能帮助失恋的人疗伤呢？无疑是后者。生活中这样的事例比比皆是，在失恋后，男生一般会叫上几个兄弟一起出去喝酒，女生则会拉着闺密大哭一场，在心理极度脆弱的时候，我们需要来自他人的温暖陪伴，这样才能够帮助我们更快地走出感情的低谷期。

很多异地恋之所以轻易分手，也是因为缺乏陪伴这种无声沟通，电话另外一边刻骨的思念又怎么抵得过身侧时时刻刻的陪伴。只有切实地陪伴在身边，才能够真正细致入微地了解恋人的喜怒哀乐。当恋人遇到困难的时候，一双温暖的手远比电话中长篇大论的指挥和讨巧的情话要贴心得多。恋人尚且如此，何况是朋友呢？

范玮琪的《一个像夏天一个像秋天》中有这样一段歌词："我

们一个像夏天一个像秋天，却总能把冬天变成了春天。你拖我离开一场爱的风雪，我背你逃出一次梦的断裂。"两个人的关系之所以会变好，就是因为相互陪伴，共同走过了风风雨雨，所以彼此间的感情才会升温到离不开对方的地步。但如果朋友之间不经常见面、缺少肢体接触的话，那彼此生疏、没有共同话题将是必然的。所以，如果我们想要真正和朋友实现有效的沟通、促进彼此的感情，那么切实的陪伴，比如一个饱含深情的拥抱，无疑是最有效和最令人感到温暖的"此处无声胜有声"。

职场高效沟通——七招升职必杀技

　　想要对方真的理解我们的想法和举措，就要根据不同的人选择不同的沟通方式，从多个方面补上沟通中的漏洞，最大限度地避免沟通漏斗效应的影响，从而解决信息在传递过程中出现的失真问题，减少不必要的误会，促进人际关系的良好发展。

从 100% 到 20%——沟通漏斗效应

我们在人际交往中有着倾诉的需要，在工作上也需要传达相应的信息，但我们也许从来没有思考过这样几个问题：我们传递出来的信息和我们心中所想要传递出去的信息一致吗？信息在传递的过程中，有没有缺少和疏漏的地方？对方能够百分之百地理解我们传递出去的信息吗？

一个男人独自在沙漠中旅行，炎炎烈日烤得他嘴唇干裂，漫长的跋涉令他疲惫不堪。这时，他突然发现不远处的黄沙在烈日的照耀下闪过一道刺眼的光芒。他连忙走上前去扒开黄沙，发现了一盏精美的灯。他用袖子将这盏华丽精致的灯擦了擦，这时神奇的事情发生了，一股青烟悠悠地从灯中飘出，化作一个精灵漂浮在他面前。

精灵开口说道："我是这盏灯的灯神，因为犯了错误，在这盏神灯中被关了数千年。你救了我，作为报答，我可以满足你三个愿望。"这个人听完高兴极了，手舞足蹈好一阵之后心绪才稍稍平静，他想起了自己来到沙漠旅行的原因，由于相亲对象嫌弃他长得黑，没有人愿意嫁给他，他才独自一人远走沙漠散心。

想到这里，他激动地说："因为皮肤黑，我自卑了很久，周围也没有人愿意和我谈恋爱，我想要变白。"灯神点点头，示意他说第二个愿望，这个人抿抿干裂的唇说道："在沙漠里跋涉这么久，我实在太渴了，我想要喝不完的水。"灯神继续点头，让他说最后一个愿望。这个人有些羞涩地说："我这辈子连女孩子的手都没有拉过，我想每天都能看见女孩子。我的这三个愿望，你都能够满足吗？"

灯神说："当然了，这简直太好办了，你等着。"说罢，灯神一挥手，把男子变成了一个白色的抽水马桶。

这个故事听起来好笑，但发人深思，故事中男子讲述的三个愿望在我们看来已经表达得足够清楚了，灯神也满足了他的愿望，看上去是一次有效的沟通，可双方的各自理解明显出现了巨大的偏差，最后出现了令人哭笑不得的结局，这是什么缘故呢？

在管理沟通中，有一个著名的"沟通漏斗效应"。沟通漏斗效应是指在沟通中，一个人心里想的内容可能有100%，但是在通过对话的方式来传递信息的时候，真正能够表达出来的信息只有80%；而对方在倾听我们的言谈时，经过环境因素、思维不集中等因素的影响后，最多能够接受60%的信息；但在这60%的信息中，对方能够听懂或者充分理解的内容却至多只有40%；而在执行的过程中，由于各种因素的干扰，最后只有20%的信息能够被顺利执行。也就是说，一条命令发布下去，想要获得100%的预期效果，但到最后实际执行出来的效果只有 20%。可见，信息在传播过程中的锐减程度之大，令沟通交流的双方不得不重视起来。

沟通漏斗效应有一个发生在国外军队中的经典案例：

1910 年，美国的一位将军对身边的军官说："明天晚上大概在八点钟左右，哈雷彗星会经过地球，在我们这个地区有可能会看到这一景象。这颗彗星每隔七十六年才能够看见一次，机会十分难得，你去传达我的命令，让所有的士兵明天穿着野战服在操场上集合，大家一起观赏这一罕见的天象。如果明天下雨的话，就改在礼堂集合，我将为他们播放一部关于彗星的影片。"

军官不敢耽搁，执行了将军的命令，他叫来营长说道："将军的最新命令：明天晚上八点，每隔七十六年出现一次的哈雷彗星将在操场上空出现，如果明天下雨的话，就让士兵穿着野战服列队进入礼堂，将军会在那里讲解这一天象。"

营长叫来连长，传达上级命令："最新命令，明天晚上八点，将军将穿着野战服出现，为大家展示哈雷彗星，这种事七十六年才出现一次。如果明天下雨的话，就让士兵到礼堂去观看。"

连长叫来排长说："明晚八点，哈雷彗星和穿着野战服的将军将会一起出现，这是每隔七十六年才能见到的事情。如果明天下雨，那么将军会带着哈雷彗星来到礼堂中，大家列队前往礼堂观看。"

排长向各班班长传达命令："明晚八点，哈雷将军将会带来身穿野战服的彗星，这是每隔七十六年才会发生的事情。如果明天下雨，将军将会和身穿野战服的彗星到礼堂，大家需要列队前往观看。"

等到班长传达命令时，这条命令已经变成了："明天八点有雨，哈雷将军将身着野战服，开着他的彗星牌汽车，从操场经过到达礼堂。大家要前往礼堂接受哈雷将军的检阅。"

我们可以发现，一条完整的命令具体传达到各个士兵时已经变得面目全非，这就好比是古代朝廷发下来的赈灾银两，数额巨大的赈灾银两经过层层盘剥，最后落到灾民手中已经是寥寥无几，根本无济于事。信息的传递也是这样，在令出如山的军队中尚且如此，何况是企业管理和日常生活呢？

沟通漏斗效应在企业管理中也有一个非常经典的案例：

2012年7月下旬，在东莞的一家酒店中，房客周先生正在前台办理退房结账业务。这时，他向窗外看了一眼，外面正大雨倾盆，周先生考虑到自己手中提着行李、不方便打伞，便向前台的服务员提出了一个要求，要求酒店人员帮他打下伞，他需要去马路对面叫辆出租车。

两个值班的服务员都是女性，其中一个还是前厅经理，不过两人身高都不足一米六，而周先生身高超过了一米八。考虑到身高的差距，前厅经理想到了一个合适的人员，酒店中有一个保洁人员，身高接近一米八，而且力气还很大，能够帮周先生分担一些行李，由这名保洁人员给周先生打伞最为合适。所以前厅经理对周先生说："请您先稍等一下。"然后，她拿起电话呼叫保洁员。

这时周先生看着旁边明明闲着却不予帮忙的另外一名服务员心头火起，周先生认为酒店这是看他退房了，所以态度来了个一百八十度大转弯，就冷落客人。他提起行李，转身大步走出了酒店，前厅经理连忙挂断电话、呼唤周先生，但怒火中烧的周先生并没有回应，他冒着大雨走到对面打了一辆出租车离开了。后来，前厅经理发现周先生在顾客满意度评价中给出了0分的差评。

前厅经理想的的确非常周到，她顾及到了周先生打伞的要求，也考虑了体力、身高等很多问题，但是在和周先生沟通的时候，她没有完全表达出心中的顾虑和考量，只是给出了一句"请您先稍等一下"的回应，这句话实际上没有让周先生接收到对方传递出的任何有效信息，从而让周先生认为这不过是酒店在冷落和敷衍客人。这就是沟通漏斗效应的最直观体现。

那么如何避免沟通漏斗效应作祟呢？在职场沟通中，选择合适的沟通方式和言辞进行交谈对于达成有效沟通有着非常重要的作用，具体可以从以下几点入手：

首先，我们要先明确地指出自己的意愿要点，沟通清楚，确保双方的理解没有出现过大的偏差后，才能够继续将想法实施在行动上，以免像前厅经理与周先生那样产生误解。

其次，在沟通的过程中我们应该保持真诚专心的态度去倾听和理解对方的需求。如果我们在和朋友沟通的时候戴着耳机听音乐或是玩手机，那么无疑会令朋友的倾诉欲大大减少，直接影响到彼此的关系。在与同事、上司或客户沟通中更是如此，专心地倾听能够让对方有被尊重的感觉，而且能够让我们最大限度地从对方的言谈举止中获取信息，减少沟通漏斗效应的影响。

最后，我们在对话的过程中要尽量使用简洁明朗的言辞进行交谈，这样便于双方理解，可以减少误解的产生。另外，在沟通的过程中，我们也要给对方提出疑问的机会，这样才能够有针对性地解决沟通中出现的问题。

当然，我们也要注重区别沟通。和学生补习一样，有些学生在课堂上集中注意力听老师讲课，一堂课下来就能够将老师教授的知识理解大半，但有些学生需要通过补习才能够追上其他人的进度，这其实也是沟通漏斗效应的一个体现。因此，想要对方真的理解我们的想法和举措，就要根据不同的人选择不同的沟通方式，从多个方面补上沟通中的漏洞，最大限度地避免沟通漏斗效应的影响，从而解决信息在传递过程中出现的失真问题，减少不必要的误会，促进人际关系的良好发展。

知是君王合钓龙——拍马屁有道

拍马屁，常用于讽刺不顾客观实际，专门谄媚奉承、讨好别人的行为。拍马屁的典故一说来源于古代蒙古族，蒙古族人民以放牧为生，善骑射，家家户户都会养几匹马，能够养出一匹良驹宝马是一件非常值得骄傲的事情。有时候，人们牵着马遇到其他牧民时，会相互拍拍对方的马屁股，摸摸马膘，并夸赞对方的马，以赢得主人的欢心。刚开始的时候，人们还会实事求是地夸赞好马，但随着时间的流逝和人际沟通的需要，这一习俗逐渐演变为实现良好沟通的一种方式，不管对方养的马是不是一匹膘肥体壮的好马，都会拍拍马屁股，出口称赞，把劣马也说成好马。

还有一种说法来源于明朝，虽然杜撰的部分偏多，但也值得一提：

天启年间，天启皇帝朱由校为了取乐，举行了一场赛马，赛马时间定在了九月九日重阳节，要求京城所有武官全部参加。到了重阳节那天，武官们一个个精神抖擞、跃跃欲试。随着发令炮响，武官们一个个策马扬鞭，霎时间万马齐发、尘土飞扬，好不壮观。

就在这个紧张的时刻，有一个人却不疾不徐地收了马鞭，在起跑的时候，手伸到马屁股上轻轻拍了三下，他的马顿时奋力冲向前方，超过了许多扬鞭疾驰的武官。别的武官一看被人超了过去，连忙拼命挥鞭催马快跑。但那个人却再次伸出手轻轻地拍打马屁股，马顿时扬蹄狂奔，转瞬间就把所有人都甩在了后边，不多时就跑到了终点。

天启皇帝觉得非常意外，便把这个获胜者传召过来，问他从哪里得到的神马，居然不用马鞭就能够让马跑起来。这个获胜者正是魏忠贤，他跪下来说道："我的马并不是什么千里宝马，之所以能够跑赢其他马，就是因为我顺应了马的本性，不必挥鞭，只要拍打马屁股就能够让它迅疾如飞。"天启皇帝一听，觉得很有道理，就对他说道："你既然能够知道马的本性，顺着马的本性而为，可见是个难得的人才。从今以后你就跟在朕的身边，后宫的大小事件都由你来掌管吧！"

魏忠贤不但能够摸清马的本性，还善于揣度人的心思，哄得天启皇帝十分满意。因此，天启皇帝给魏忠贤的权力也越来越大。他甚至掌握了朝廷，在朝中倒行逆施，陷害忠良。老百姓都说魏忠贤之所以显赫一时，都是拍马屁拍来的。

后来，人们将便将"拍马屁"三个字看作谄媚奉承的象征。一说起拍马屁，可能很多人都会心生反感，因为在中国的传统文化教育中，我们常常将踏实肯干作为优点，普遍认为溜须拍马、阿谀奉承这些都是那些善于钻营的小人才会做的事情。

实则不然，拍马屁自古以来就是一种处世技巧，是人与人之间的一种交流方式。拍马屁的人付出了称赞和善意，得到的是对方的好感和额外的机会。和恋人发生争吵的时候，一句"我要不是看你漂亮、温柔、善良又可爱，早和你分手了"，远比苍白的解释和毫无自尊的挽留要有用得多。在日本东京，有两个年轻人甚至把拍马屁奉承他人发展成了个人职业。说白了，就是明码标价地提供奉承的服务。虽然听上去有些匪夷所思，但这两个人的生意却越做越火爆，因为很多人认为花钱听几句恭维话买一个心情愉悦是一件非常划算的事情。

既然作为沟通技巧的拍马屁都能成为一种职业了，那么职场沟通中也一定少不了拍马屁发挥作用的地方。我们可以发现，历朝历代的领导身边都不乏善于溜须拍马之辈，有些人拍马屁的技术非常高超，润物细无声，能够在无形之中夸得他人志得意满，让人在不知不觉中就接受了他们递出来的高帽子，为自己赢得高人气和更多的朋友，有的时候甚至能够保住自己的性命。下面这三则故事就是古代职场中拍马屁拍得十分成功的范例。

故事一：

清朝的大才子袁枚年少聪慧，天赋过人，年纪轻轻就当上了县令。在去赴任之前，袁枚去向自己的恩师名臣尹继善辞行，尹继善问他："官场上鱼龙混杂，稍有点不当之处就会得罪他人，你此去赴任都准备了些什么啊？"袁枚说道："财物什么的学生一律没有准备，倒是高帽子准备了不少。"

尹继善听了说道："堂堂君子，怎么能上来就搞这一套呢？还是应该务实勤政啊！"袁枚说道："老师您有所不知，当今朝廷上下无人不喜欢戴高帽子，像您这样不求名声的人实在是屈指可数啊。"尹继善听完之后非常高兴。

故事二：

南唐中主李璟喜欢钓鱼。有一次，李璟带着身边的一个宠臣李家明和一干侍卫前去钓鱼。李家明钓鱼技巧高超，运气也好，不一会儿就钓到了好几条大鱼。而李璟这边却是毫无动静，到最后一条鱼都没上钩。李璟想到自己身为皇帝却一条鱼都没有钓上来，难免面子上有些挂不住，但这能怪谁呢？只能怨自己的技术不过关。李璟不好发作，但心里总归不大舒服，脸色也不是很好看。

李家明是个善于揣度人心的人，他知道李璟心情抑郁，便向李璟请求为钓鱼之事赋诗一首。李璟恩准之后，李家明作了一首《元宗钓鱼无获，进诗》："玉甃垂钩兴正浓，碧池春暖水溶溶。凡鳞不敢吞香饵，知是君王合钓龙。"诗文的前两句写的是垂钓的环境优美，后两句则是拍马屁了："李璟为什么没有钓上鱼？因为这些鱼知道是皇帝在这儿钓龙，小鱼小虾怎么有资格咬钩？"果然诗文一呈上去，李璟之前郁闷的心情一扫而空，龙心大悦之下对李家明大行封赏。

可见，在人际交往中，尤其是在工作场合面对上司的时候，适时、适当的赞美会起到意想不到的效果。但拍马屁也是需要技巧和学问的，自不量力地乱拍一通并不会收到预想的成效，那些漂亮的奉承话背后必然有着奥妙所在。

故事三：

清朝，康熙皇帝身边有一个名叫高士奇的臣子，很受康熙皇帝的宠爱。经常陪着皇帝闲聊宴饮，底下的大臣也知道见风使舵，眼见皇帝宠爱高士奇，便连忙给高士奇送礼。有人弹劾高士奇收受贿赂，康熙皇帝知道之后责问高士奇，高士奇也不辩解，如实招来说："他人给我送礼不过是因为皇上宠爱我罢了。"此话一出，康熙皇帝知道了高士奇话里的意思，便没有多加责罚，依旧对高士奇非常宠爱。

高士奇能够得宠，靠的并不是一张嘴，而是自己的真才实学。康熙皇帝喜欢题字，不管走到哪儿都喜欢题字留念。有一次，高士奇陪着康熙皇帝游览泰山，康熙帝诗意大发，正要在匾额上题上"而小天下"四字，意为登泰山而小天下。结果写的时候"而"字的起笔起得太低了，重来吧，面子挂不住。正左右为难的时候，旁边的高士奇猜出了皇帝的心思，问道："莫非陛下要写的是'一览皆小'

四个字吗？"康熙皇帝一听不由得释然了，顺势写了"一览皆小"四个字。

后来前往杭州灵隐寺游玩的时候，康熙为灵隐寺题字，本想题上"靈（灵）隐禅寺"四字，但写繁体"靈"字的时候把雨字头写大了，一下子有点不好收场，又是高士奇在旁边解了围，高士奇感叹道："此寺上有流云翩跹、下有悠悠密林，真乃人间美景啊。"康熙皇帝听后顿时心领神会，挥笔写下"雲（云）林禅寺"四字。

通过这个故事，我们可以看出拍马屁的奥妙之一便是真才实学，有文化有内涵的人才能说出听起来如同高山流水般有意境不庸俗的奉承话来，而这样的奉承话之所以能够打动人心，也不全是因为它是恭维之语，更多的原因在于说这些话的人所表现出来的才华和能力是值得被人赞赏与看重的。高士奇身为康熙身边的近臣，如果他没有深厚的文化底蕴和随机应变的能力，那么光靠溜须拍马是很难在权力中心立足的，他的位置也会岌岌可危，随便一个人都能够取代。反过来看这件事，能力出众的人，若是能够适当地学会一些拍马屁的技巧，反而会起到锦上添花的效果，比不善于拍马屁的人更容易取得成功。

任何事物都有其两面性，拍马屁也是如此。有些人偏偏不擅长拍马屁，一不留神就将马屁拍到了马腿上，比如一句曲意逢迎、牵强附会的"领导，您这么忙，还亲自来上厕所啊"就足够让人哭笑不得了，因为这样的奉承话非常不恰当，一点儿没走心。拍马屁应该是 70% 的名实相符的赞美奉承之词加上 30% 的事实。否则，遇到那些爱较真的人还真容易搬起石头砸自己的脚。《史记》上记载了这样一个故事：

　　汉代时期，卫绾因为擅长在马车上表演杂技而受到汉文帝的喜爱，被收为侍卫。卫绾做事谨慎，为人忠厚，任职期间立下了许多功劳。汉文帝为了奖赏他，封他为中郎将，让其统领宫中侍卫。汉文帝的太子刘启曾经邀请过汉文帝身边的近臣参加宴饮，但卫绾认为天子近臣不应该和太子交往过密，所以借口生病没有出席太子的宴会。太子虽然没有发作，但心中难免怀有芥蒂。汉文帝临死之前曾嘱咐太子说："卫绾这个人忠诚可靠，是个难得的良臣，你一定要厚待他。"汉文帝死后太子继位，是为汉景帝。

　　有一次，汉景帝前往上林苑游乐，令卫绾与自己同乘。游玩回来。汉景帝问道："卫绾，你可知道我为什么要让你和我共乘一辆车吗？"卫绾说："臣最初不过是一个表演杂技的艺人，蒙圣上隆恩，提拔臣为侍卫，还让臣任了中郎将的职位。臣才疏学浅，实在不知道有什么资格与陛下共乘一车。"汉景帝闻言接着问道："昔日朕做太子的时候，曾经请你过府参加宴饮，为什么你不肯过来呢？"卫绾连忙请罪道："臣该死，臣当时的确是生病了，无法赴宴。"汉景帝听他这么说也不好再追究下去。

　　汉景帝随后赐给了卫绾一把剑。卫绾说："先皇生前一共赐给了臣六把剑，已经够多了，臣如今深受圣宠，不敢再接受陛下的赏赐。"汉景帝问道："剑乃是君子所钟爱的器物，一般不都是用来送人和交换其他东西的吗？难道先皇赐你的六把剑你都好好保存着吗？"卫绾说："先皇御赐宝剑，乃是天大的荣耀，臣怎敢拿去送人或交换呢？当然要好好保存了。"

汉景帝偏偏就不相信卫绾的话，便派出身边的人去卫绾的府邸将汉文帝所赐的六把剑全部取来。等到六把剑取来之后，汉景帝拔开剑一看，果然六把剑都保存得非常好，丝毫没有使用过的痕迹，他这才相信卫绾的确没有为了奉承自己和先帝而说谎。在认可了卫绾的人品之后，汉景帝不仅将卫绾封为将军，还在卫绾立下赫赫战功之后，让其封侯拜相。汉景帝驾崩后，他年仅十六岁的儿子汉武帝刘彻登上帝位，汉景帝安排辅佐刘彻的重臣正是忠实可靠的卫绾。

如果卫绾的夸赞之中没有真诚的成分，那么遇到汉景帝这样爱较真的人，难免会糊弄不过去。显而易见，卫绾是一个十分忠诚、谨慎的人，即便拍马屁，也能够说得实事求是、做到令人信服，可谓达到了拍马屁的最高境界——"你是真的很好，我句句属实，你从我的话里找不出破绽"。

不管是古代官场，还是现代职场，拍马屁依然都是沟通中一种较为便捷的技巧，是一种待人接物的方式。这和我们进店买东西一样，如果一家店的店员态度冷淡，甚至出口伤人，而另外一家店的店员则笑脸迎人、口中满是称赞之词，我们更愿意去哪家店是不言自明的。正视并适时地使用拍马屁这一技能，会让我们在职场沟通中更为简单便捷地与他人建立良好的人际关系，让我们在走向成功、步步高升的路上阻力更少、助力更多。

发言的艺术——好口才使人占尽上风

身在职场，少不了要做些讲解方案、会议发言的工作，这种形式的沟通有些类似于演讲，表面上侧重于单方面地将信息传递给听众，但实际上仍然是一种互动的沟通艺术，因为不管你想传递的信息是什么、想表达的意见是什么，目的都是为了让听众认同、采纳。如果不懂得做好发言前的准备工作、掌握表达的技巧、调动听众的注意力，那么再完善的方案、再流畅的表达也会事倍功半。

下面我们就从演讲的角度来讲解一下在职场中，尤其是会议上发言的方法。

一般来说，演讲分为四种：

» 读稿式演讲

演讲者拿着事先准备好的演讲稿站在大众面前，一字一句地照本宣科。这种演讲内容极为严谨，形式郑重严肃，但它也大大干扰了演讲者与听众之间的互动和交流，所以一般这种演讲多出现在重要的商务场合中。

» 脱稿式演讲

演讲者在演讲前就已经把演讲稿背得烂熟于心，上台之后就不需要再照着演讲稿逐字逐句地读下去，只要将之前练习好的演讲词背出来便可以了。这种方法虽然不利于临场发挥，但是能够培养演讲者的沟通能力，只要演讲前准备充分，演讲时表达自然，不夸张、不做作、不忘词，即便是初学演讲者也能展现出非常具有感染力的沟通效果。

» 提纲式演讲

它的难度要稍微高一点。也就是说不必逐字逐句地设定演讲内容，而是像提炼大纲一样，把演讲的主要脉络提炼出来，记住重点即可，更具体的内容则按照之前所搜集的资料，根据现场情况用较为自由的语言讲述出来。这种演讲方式要比读稿式演讲和脱稿式演讲的效果更好，因为它既具备了读稿式演讲和脱稿式演讲准备充分的优点，又兼具灵活性，便于演讲者临场发挥，能够与听众进行及时互动，达到观点一致。即便在中途被打断了发言，也不至于忘词冷场，只要抓住演讲的大纲，就能够继续讲下去。

» 即兴式演讲

这种演讲难度最大，但演讲的效果也最好。因为在没有做足准备的情况下进行即兴发挥，就要求演讲者必须针对在场听众的心理需求，在酝酿感情的同时，灵活地组织语言，以期达到良好的沟通效果。这种演讲往往充满了真情实感，能够极大程度上感染人心。

在《我是演说家》的舞台上，香港明星张卫健曾经做过一次即兴演讲。他一上台就说了一段非常经典的台词，那是由他所饰演的

《云海翻腾孙悟空》中孙悟空的口头禅，说完这段台词后，他又调侃了自己，场上掌声如雷。接下来，张卫健直白地说自己适合这个舞台，因为舞台是能够通过说话改变命运的地方，而张卫健也确实用出众的口才改变了自己的命运。

紧接着，张卫健情感真挚地讲述了自己坎坷艰辛的成名之路——

并不是每一个混娱乐圈的明星刚出道就能够一夜成名、大红大紫，张卫健也不例外，他日复一日、年复一年地努力拍戏，始终都是不起眼的小角色。一眨眼，张卫健发现自己已经跑了整整十年的龙套，仔细回想起这十年的演员生涯，张卫健决定通过自己的努力争取说服经理给他一个机会，改变自己的命运。

续签合约的时候，张卫健见到了经理，他首先向经理介绍了自己的情况，说自己已经有了十年的演员经验，展现了自己演艺经验充足的优势，请经理给他一个当男一号的机会。但是在 TVB 中谋生的演员何其多，哪一个不是演艺经验丰富、迫切需要大红大紫的机会呢？久经商战的经理当然没有被他的话说服。张卫健接着说："对于我的工资，我真的没什么要求，你可以给我一张空白的合约，我先签，签完你愿意给我多少工资就给我多少好了，因为对于今天的我来说，需要的不是钱，而是一个成名的机会。"张卫健感动了他的经理，续约三个月后，他终于如愿以偿地当上了男一号，并且演了一部又一部戏的男主角，演艺事业蒸蒸日上。

张卫健说完这段经历后，深深地鞠了一躬，对待台下的观众就像当时对待他的经理一般。场上一片沉默，观众都被张卫健的情绪所感染。

张卫健接着讲起了自己的大起大落——

人走上一个巅峰的时候，就开始走起了下坡路。好景不长，张卫健的演艺事业在他火起来的几年之后陷入了前所未有的低谷，拍的电视剧收视率极差，出演的电影票房奇低，专辑也统统卖不出去，张卫健遭受了空前的打击，他对当时自己的定位非常准确——一个被命运抛弃的人。他迫切地渴望工作，渴望东山再起。这时命运向他递出了橄榄枝，和 TVB 最后合作的一部戏《云海翻腾孙悟空》中的孙悟空角色让张卫健从低谷一跃而起，又一次屹立在人生的巅峰。

再次大红大紫的时候，一位制片人来找张卫健拍戏。由于两个人在价格上谈不拢，这位制片人言辞犀利地羞辱了张卫健。可以说是年轻气盛不服输的缘故，张卫健毅然离开香港来到北京，成了一名北漂。其实那位导演说出了一部分事实，即便张卫健在香港再怎么红透半边天，可在内地知道他的人依然是寥寥无几。

张卫健放平心态，在北京漂泊了三年，才又一次演了主角。随着他主演的电视剧热播，张卫健再一次爬上了人生的巅峰。此时再回想起以前那名制片人说的话，张卫健很有扬眉吐气的感觉，他一字一顿地说道："那位制片人不是说我脸上没有毛，就一文不值吗？我就要证明给你看，即便我脸上一根毛都没有（不演孙悟空），我还是可以再爬上去；我就是要证明给你看，即便我脸上一根毛都没有，我也是有那么一点点价值的；我就是要证明给全世界看，一个男人即便头上没有一根毛，也是可以很有魅力的！"

张卫健话音刚落，场上响起了一片热烈的掌声，此刻每个观众都被张卫健的故事深深感动。

相信很多人听完张卫健的演讲后，内心深处不只是感动，想必也深受鼓舞，这就是即兴演讲的魅力。这种即兴演讲的感染力是其他演讲形式所不具备的，因为这种演讲不仅需要个人的灵活应变、超强的记忆力、高超的语言组织能力和丰富的想象力，还需要演讲者本身具备良好的品德、才华、学识和胆略。这些优点凝聚在一起才能够令演讲更具有感染力，达到温暖人心、鼓舞和说服他人的效果。

在商务演讲、会议发言的过程中，我们首先运用的便是声音这个有利的媒介。举例来说，尖利的嗓音给人一种气急败坏的紧张感，太过柔弱的嗓音则没有什么说服力，低沉醇厚的嗓音则给人一种严肃感，相对来说也更容易吸引听众的注意力。

另外，语速也是一个非常重要的因素。演讲的时候如果说话速度太快，听众会难以跟上演讲者的节奏，听得云里雾里，来不及对重要内容做出合适的反应；如果说话速度太慢，则会让听众产生拖沓冗沉之感，丧失了听下去的耐心。选择适宜的语速，既给他人思考的空间，又能够抓住听众的心理，便于听众接受和消化信息。

一个良好的开端，是演讲成功的一半。

　　高尔基曾经应邀在苏联的作协理事会第二次全体会议上演讲。当时与会的代表听到了高尔基的名字都显得非常兴奋，掌声和欢呼声如雷鸣般久久不停。高尔基见状，索性丢掉了原定的演讲稿，开始了即兴演说，他调侃道："如果把大家在鼓掌上面花费的全部时间计算起来，那我们的时间就浪费得太多了。"一句幽默的开场白博得台下笑声一片。

　　一鸣惊人或是风趣幽默的开场白都是良好的开始，不仅能够让听众的注意力转移到演讲者身上，还能够引起听众的兴趣，为接下来的演讲营造一个良好的氛围。

　　演讲虽然能够表达感情，但不仅限于表达感情，演讲的真正目的是获得听众的支持和响应。演讲的时候听众的表现各不相同，有的听众全神贯注，有的听众却心不在焉，这是因为人都是有选择地倾听。演讲是传递信息的过程，受沟通漏斗效应的影响，有时候演讲者演讲时传递出的信息也许有 80%，但听众接收信息是会经过选择和过滤的，对于一些感兴趣的话题，听众的注意力相对来说会集中一点，一旦遇到了不感兴趣的话题，则会出现演讲者在台上滔滔不绝，听众在台下百无聊赖的情形。因为人们只有面对真正与自身直接利益息息相关的事情，人们的注意力才会较为集中。虽然我们不可能认识台下的每一位听众，但只要稍作了解，即便不能够详细了解听众的生活经历、兴趣爱好、教育程度等，也能够基本掌握听众的信息，如年龄阶层、知识背景等，在这样的基础上，再从听众所关心的方方面面出发，演讲取得的效果自然就事半功倍。

演讲也是沟通的一种，但演讲和普通的交流有着本质的区别。我们在和他人进行交流的时候，一般都是一对一的，当他人表现出疑问的时候，我们可以停下来专门解答对方的疑问，确认对方真正理解我们的想法后再继续交流下去，但这一方法放在演讲中却不太适用。因为演讲中的当众发言是一对多的交流，在发言的过程中，很少有人会贸然停下来，针对听众们的疑问一一解答，这容易打断发言者的思路，影响信息传递效果。但这并不是说发言时不需要互动，事实上，任何一种沟通方式都需要与他人进行互动，只是演讲时的互动更具有技巧性和针对性罢了。此时能够帮助我们完成这项任务的就是人类的心灵之窗——眼睛，用眼神来表达感情、传递感情，有助于更为确切地将信息传递到听众的大脑中，并可以通过听众的眼神反应来进一步确认听众理解与否，这种无声的互动常常能够促使双方针对某个信息达成共鸣。

当然，在演讲的过程中，幽默风趣的话语往往能够轻而易举地赢得他人的好感，因为它不仅令听众精神愉悦，更能够生动地体现演讲者的个人魅力。掌握了这一技能，我们能够更加简单快速地吸引和感染听众。

著名的雄辩家琼西·M.得彪曾经和美国的大作家马克·吐温共同参加一场晚宴。晚宴上，主人要求宴会中的客人纷纷上前做演讲。轮到马克·吐温上场了，他不愧是作家出身，不仅思维敏捷而且谈吐风趣，在台上滔滔不绝地讲了将近二十分钟，赢得台下众人的掌声不断。

马克·吐温讲完下去之后，轮到了雄辩家得彪，得彪也被马克·吐温的犀利思想和风趣言语所征服。所以轮到得彪时，他开了一个玩笑，他说："诸位，真不好意思，刚才我和马克·吐温先生互换了演讲稿，所以你们刚才听到的是我的演讲，谢谢大家这么捧场，给了我这么热烈的掌声。"得彪一番话说完，众人哈哈大笑，不约而同地将注意力转移到了得彪的身上。

在现代社会，高超的沟通技巧已经成了人们事业发展必不可少的一项技能。那些有着优秀演讲口才的人，往往能够更快地适应社会的发展和变化，所以想要紧跟上时代的步伐，增强自身的竞争力，不妨从锻炼自己的口才做起，这样不仅能够让我们的身心得到锻炼，也能让我们的沟通能力得到进一步的提升和发展，从而让我们更好地在职业生涯中实现自我价值。

一图抵千言——看得多、说得少

随着科技的飞速发展，尤其是电脑和智能手机的普及，人们在获取信息的时候受到的视觉冲击越来越多，很多年前人们通过报纸来关注民生大事的习惯已经随着时代的变迁而改变。一份报纸和电脑上的一个新闻网页相比，后者明显更能够吸引人们的注意力。

科学家研究发现，人们用眼睛获取的信息占人类接收信息总数的 40％以上，在语言系统没有完善之前，人们认识世界所使用的方式就是用眼睛去观察和了解周遭的一切。把我们所看到的东西截取下来，便是一幅幅的图片，图片所传递的信息是多样的、直接的、丰富的。但有时候我们用图片去传递相关信息，也需要附注一些文字释义。因此，文字与图像相辅相成才能更好地传递相关信息。

古人对图像和文字两者的作用认识得非常充分。宋代史学家郑樵在《通志》中写道："置图于右，置书于左，索象于图，索理于书。"可以理解为：文字和图片相互搭配，图片能够让故事内容更加形象化，文字能够叙述清楚故事内容和道理，两者相互促进，关系密切。我们在看武侠电视剧的时候会发现，很多武功高手修炼时所读的武功秘籍都是图文并茂的，一招一式都介绍得非常翔实，除了人物绘图之外，还要有心法相辅助，这样才便于理解和练习，不至于因理解错误导致走火入魔。

如今，科技的进步使人们进入了读图时代，图片和文字结合的这种信息传递方式在现代的应用非常广泛，为我们的生活带来了很多便利。在当今的教育体系中，不乏有老师用展示图片和 PPT 课件的方式教授知识给学生，这样做除了能节省板书时间、减少教师工作量之外，还能够更加生动形象地展示需要学习的内容，比起苍白单调得近乎没有什么视觉刺激效果的文字，图片更能够引起学生的学习兴趣，便于学生理解和记忆。

而在职场中，图片的运用就显得更为必要了，有时候我们甚至要做出"看得多，说得少"的选择，因为大部分我们难以口述的数据往往只需要一份简单的图表就能够展示得非常清晰易懂，这时候让听众去"看得多"，不仅可以相应地让我们"说得少"，而且丝毫不会对沟通效果产生负面影响，甚至还能发挥出锦上添花的妙用。现今我们常用的 PPT 文档是工作中经常用到的一种演示文稿，它有着和 Word 文档一样图文并茂的优势，但更胜一筹。PPT 文档能够将各种文字、图形、图表、声音效果等信息以图片和动画的方式展现出来，它能够呈现出动态效果，这种声形俱佳、可观性更强的优势也是 Word 文档所不具备的功能。如今在职场上，人们使用 PPT 文档的频率越来越高，不论是用它做展示方案还是做工作总结，PPT 文档都能够呈现出一图抵千言的效果。

在商业演讲中，PPT 文档对提升沟通效果起着很重要的作用，我们可以直观地称之为PPT演讲，比如苹果电脑的创始人史蒂夫·乔布斯在苹果电子产品发布会上所做的商业演讲就非常具有代表性：

　　做PPT演讲的时候，乔布斯首先放出幻灯片，直截了当、简明扼要地抛出自己的主题，暗示今天会推出一款重要产品，由此抓住了观众的注意力。乔布斯还给自己的演讲定下一条鲜明的主线，直接说明有四件事情要宣布，他身后的PPT则密切配合着他的演讲，保障了观众对演讲内容的理解。在他提到苹果产品的销售业绩时，PPT不仅提供了具体数据，还演示了这些数据的来源，强调了信息的真实度和可靠性。随后乔布斯又将美国智能手机的市场占有情况在大屏幕上进行展示，目的就是为了让观众更为便捷地了解苹果产品在市场上的比重，为单调无味的数据赋予实际意义。

　　之后就到了重头戏上，乔布斯从演讲开始就一直在营造热烈的氛围，到了宣布新产品的关键时刻，场上的气氛被推向了高潮。当乔布斯用充满激情的语调来讲述这款产品的优点和新特性时，对其予以毫不吝啬的赞美，他用自己对新产品的自信和喜爱感染着在场的观众，与此同时，他身后的大屏幕上也随之切换到相应的画面，让观众更为真实地感受到新产品的优势。针对苹果新产品上的相关APP，乔布斯身后的PPT还应声显现出相应的数据。为了全方面展示新产品十分轻薄的优点，他从一个信封中抽出了新产品，展示给在场的所有观众看。

乔布斯这场演讲的突出特点是精炼的言辞和大张图片，特别是后者，给观众的冲击力是非常大的，再加上反复的排练让乔布斯和身后大屏幕的演示图相互配合得滴水不漏，所以他的演讲为观众带来的体验是顺畅而明朗的，能够牢牢地吸引观众的注意力，从而让这次沟通获得成功。

当然，也有的人用 PPT 文档做商业演讲的时候，让场下的观众昏昏欲睡，完全听不进去、看不下去。很多人过于依赖 PPT 文档，往往对着身后的 PPT 文档照本宣科，这样既显得刻板单调，又缺乏与观众的互动，沟通效果怎么会好呢？

还有的人喜欢把 PPT 文档做得"别出心裁"，结果适得其反。虽然在 PPT 商务演讲中是演讲内容为主、PPT 演示为辅，但 PPT 文档的制作水准也不能太低，否则再好的内容也无法得以精彩呈现。例如风格过于跳跃、华丽炫目的 PPT 文档，很容易给观众造成一种喧宾夺主、非常混乱的感觉，让人猜不到演讲者想表达的内容，难免会让观众对其中真正要表达的信息产生兴趣缺失。只有简单大方、富有创意的 PPT 文档，才能够为商务演讲起到画龙点睛的作用。

优劣论——书面语言沟通与口头语言沟通

沟通的本意为开沟以使两水相通，后来用以泛指使两方相通连，也指疏通彼此的意见。在一定的社会环境之下，我们可以借助共同的语言、文字、图像或手势等来传达自己的观点、思想、情感、期许等信息，并接收他人所传达的信息，和自己的观点进行融会贯通、求同存异。

可见，应用在职场中的沟通形式必然是多种多样的，语言沟通是最为普遍的沟通形式，它包含了口头语言沟通和书面语言沟通。书面语言沟通又有许多分支，比如工作任务分配、调度申请、报销审批、工作周报、年终总结，等等。

在都市职场女性情感剧《欢乐颂》的第三十九集中，关雎尔的经理找到关雎尔，他认为关雎尔的年终总结报告写得太实在了，缺乏渲染，看上去非常枯燥，让人很难有看完的欲望，而且关雎尔对自己的工作总结得也不够充分，很难打动考核者的心，建议关雎尔进行修改。

经理对于关雎尔的青睐是非常明显的。关雎尔作为一个毕业证含金量比同时期入职的同事都要低的职场新人，本来就不比其他同事有优势，所以经理希望关睢尔能够在年终考核时提交一份优秀的年终总结报告，让公司上层看到关睢尔的努力。

关睢尔给纵横职场多年的樊胜美打电话，问她资深 HR 到底喜欢什么样的年终总结报告。樊胜美以自己的职场经验告诉她，年终总结报告非常重要的一点是要漂亮，让人有看下去的欲望，因为人都是以貌取人的，年终总结报告也是一样。漂亮的年终总结报告才能够吸引人的眼球，让他人产生看下去的兴趣。关睢尔觉得樊胜美说的虽然有些道理，但她所做的工作毕竟非常普通，如果写得太过华丽，难免会让人认为她在吹牛，所以心里还是没底。

随后关睢尔又咨询了安迪，安迪给出的意见和樊胜美的不同。安迪认为关睢尔应该抓住审核者的关注重点来为年终总结报告组织语言，突出自己为公司创造的业绩和工作的潜力，在开篇的时候用强劲有力的语言将这些重点灌输给审核者，让审核者跟着作者的思路框架走，如此才能让审核者对关睢尔青睐有加。

通过这个故事可以看出，如何用合适的文字在限定的篇幅内表达出自己的意见和建议、让同事和上司看到自己的工作业绩、说服上司批准自己的请求，等等，还真是一门不小的学问。

目前，有些职场精英过于重视口头语言沟通，文字表达能力较差，让书面语言沟通成了自己的短板，不是提笔忘字，就是酝酿半天却一行字都写不出来，即便勉强写出米了也是词不达意，由此认为"能用几句话就说明白的事情，何必要费劲地写成规范的文书报告呢"，陷入了说得很多、写得很少的恶性循环；与此同时，有些职场人士却非常擅长书面语言沟通，一提笔便才思泉涌，但在口头语言沟通上却稍显弱势，与人对话时羞于开口，常常语无伦次，导致直接沟通的失败，由此认为"应该扬长避短地选择适合自己的沟通方式，少说话多写字"。

要知道，书面语言沟通和口头语言沟通本应该是商务人士的左膀右臂，不存在孰优孰劣、适不适合自己的情况，必须两手抓、两手都要硬，不能"偏科"。书面语言沟通和口头语言沟通各有其优劣之处，在不同的环境之下使用不同的沟通方式，收到的效果也不相同，灵活、恰当地加以运用才能保障沟通顺畅。

在春秋战国时期，有一个精通岐黄之术的神医，名叫扁鹊。有一天，扁鹊来到蔡国，拜谒当时蔡国的国君蔡桓公。扁鹊见到蔡桓公之后，端详了一阵，说道："国君，我从你的面相上看，你应该是生病了，如果现在不尽快治疗的话，恐怕会逐渐加重。"蔡桓公觉得自己吃得饱睡得香，身体挺好的，认为扁鹊这人是闲着没事忽悠人，便笑着说："我身体好好的怎么会病呢？你不要再危言耸听了。"扁鹊听完一言不发地走了。

蔡桓公的臣子问道："既然扁鹊说您病了，您为什么不让他给您看看呢？"蔡桓公说道："行医者总是喜欢给没什么病的人治病，装模作样诊治一番之后再说病治好了，以便出去炫耀自己医术高明。我才不给他这个机会。"

过了十多天之后，扁鹊再次来拜访蔡桓公，又盯着蔡桓公的脸一阵端详，看完之后说道："国君，之前您的病气尚在面色之间，如今病气已经入了皮肉，再不赶紧治疗的话，真的会加重啊！"蔡桓公见扁鹊还在铆足劲头忽悠自己，便有些不高兴地说道："你说我病入皮肉，我却觉得我身体好得很，你不必再多费唇舌了。"扁鹊听完，行了礼之后退下了。

又过了十几天，蔡桓公外出巡游，在路上远远地看到了扁鹊，不料扁鹊却跟见了猫的耗子一样，一溜烟儿地跑没影了。蔡桓公觉得挺奇怪的，便派使者前去询问扁鹊为什么一见到自己就赶忙逃跑，扁鹊说："我说国君病了并非危言耸听，病在面色上，只需要敷上几帖药便能药到病除；病在皮肉之下，只要用针灸之法就能够治好；病气到了肠胃之间，服食些汤药也能够治愈；但如果病入骨髓，等于说命已经掌握在上天手中，敷药、针灸这些方法都没什么作用了，大夫也束手无策。如今国君已经病入骨髓，我又救不了他，当然不能再谒见国君了。"

蔡桓公听完使者的话还是不相信，就没有把这件事放在心上。结果到了第五天，蔡桓公突然病发，全身疼痛不止，他这才明白扁鹊所说的话都是真的，连忙派人前去传召扁鹊入宫治病。但扁鹊早就知道蔡桓公已经病入骨髓、无药可医，所以几天前就已经收拾行李逃往秦国。果然，过了没多久，蔡桓公就因病而死。

《扁鹊见蔡桓公》这篇文章看似在劝告世人不可以盲目相信自己的判断，不能够讳疾忌医，要防患于未然，对待自己的错误和缺点要像对待疾病一样予以正视，虚心接受他人的正确意见，但实际上这也是一个沟通失败的典型案例。虽然扁鹊再三强调蔡桓公的病情，但自负的蔡桓公根本不相信扁鹊的话，连基本的信任都没有，又怎么能够实现有效沟通呢？而扁鹊所采取的沟通方式确实不够明智，只在初次见面的时候就斩钉截铁地告诉蔡桓公"你有病得治，不治可能会死"，自始至终没有分析自己下这一结论的原因，蔡桓公自然会对扁鹊产生误解。如果扁鹊不用口头语言沟通的方式而是用书面语言沟通的方式逐条逐项地向蔡桓公说明前因后果，那么蔡桓公接受建议和治疗的可能性就会大大增强。

在中学生的语文教材中，有中国文学史上抒情文和议论文的代表作品《陈情表》《出师表》，关于这两篇文章，素来有着"读诸葛亮《出师表》不流泪者不忠，读李密《陈情表》不流泪者不孝"的说法。我们以沟通的思维来看这两篇文章，会发现它们实在是古代职场中难得的商务文书。

《陈情表》是作者李密写给晋武帝的一封奏章。李密原本是蜀汉后主刘禅的官员，司马昭灭掉蜀汉政权之后，李密成了亡国之臣，在家供养祖母。司马昭的儿子司马炎废魏元帝登基，史称晋武帝，时局动荡，晋武帝为了减少灭吴的阻力并笼络民心，采取了怀柔政策，极力拉拢蜀汉旧臣，昭显本朝胸怀宽广。李密闻名于世，自然是晋武帝的拉拢对象之一。晋武帝先封李密为郎中，后又征召李密为太子洗马。

但李密心怀"一朝天子一朝臣"的忠君爱国思想，认为蜀汉之主刘禅是个"可以齐桓"的人物，而晋武帝的秉性如何他并不十分了解，毕竟伴君如伴虎，所以在多重顾虑之下，李密不愿意赴诏任职。但公然违抗晋武帝的旨意是要杀头的，怎么办呢？李密就写出了一篇《陈情表》，在孝字上大做文章，将自己不愿意赴职的原因条理清晰地罗列出来。先说明自己生来孤苦，父丧母嫁，和年迈的祖母相依为命，又将自己身受圣恩、难以回报的惭愧内疚之意表达得淋漓尽致，顺带还写出了自己忠孝不能两全的狼狈处境，将自己对祖母的孝心尽数倾泻在笔下，充分说明了自己辞不赴职的缘由和苦衷，理智中不乏真情流露。

晋武帝看完李密的奏折深为感动，盛赞李密的孝心，不仅体谅了李密不能赴任的苦衷，还派出两名侍女前去侍奉李密的祖母，又令当地的县长给李密祖孙二人供养膳食。

由此看来，李密的书面语言沟通是完全有效的，不仅达到了辞不就职的目的，还得到了晋武帝额外的赏赐。《出师表》也是如此，诸葛亮用恳切的言辞对当时的局势进行分析，劝说刘禅继承父亲刘备的遗志，做到开张圣听、赏罚严明、亲贤远佞，最终来达到"兴复汉室"的目的，通篇淋漓尽致地体现了诸葛亮忠君爱国、"鞠躬尽瘁死而后已"的精神，使得这样率真质朴的书面语言沟通有了强大的感染力。

由此可见，书面语言沟通具有思路严密、逻辑性强、条理清晰的优点，能够层层深入到复杂的问题之中，鞭辟入里地指出重点，对复杂的问题能够一次性说清楚。而且书面语言沟通本身还有着有形展示、长期保存、可作为法律保护的依据等优点。在发表书面语言沟通之前，我们还能够进行反复修改以便达到充分表达个人观点、思想、意愿的目的。

但书面语言沟通也不是没有缺点。由于书面语言沟通离不开遣词造句和反复思考，这需要我们花费大量的时间，阅读长篇大论的文书也需要花费对方的大量时间，容易令对方失去读下去的耐心，令沟通效果大打折扣；当我们的书面语言沟通传达之后，通常无法及时地收到对方的反馈，更不能直观地了解对方接收信息后的感受，容易出现理解偏差，造成某些不必要的误会。

口头语言沟通与书面语言沟通相比则更为直接一点。有时候我们伏在桌子上写写改改，花费一个小时才能写出的东西，口头语言沟通只需要十几分钟的时间就能够搞定；在口头语言沟通的过程中，我们可以更加直观明了地知道沟通效果，在沟通内容出现偏差的时候能够及时进行修正；口头语言沟通也具有灵活多样性，可以通过眼神、声音和动作进行信息传递效率的强化。

但优秀的口头语言沟通也需要沟通者具备良好的语言组织能力和表达能力，并减少情绪的干扰和对方观点的影响，以免被情绪所控制，口不择言，造成无法避免的损失。此外，如果口头沟通的时间太长，或沟通者拙于言词，说话不够言简意赅，那么他人的注意力也难以集中，直接影响沟通的效果。

所以，在处理某些较为复杂的事务时，我们往往需要口头语言沟通和书面语言沟通相结合，以达到高效沟通的目的。

"白纸黑字"的雷区——E-mail 八大法则

如今，人们的沟通方式随着科技的发展也发生了巨大的变化。在互联网时代，E-mail 已经取代纸质信件成为人们进行信息传递和信息交流的载体。如今，无纸化办公也逐渐成为一种流行趋势，只要一封邮件能够搞定的事情，人们往往不会再去做多余的交流。一封小小的 E-mail，在职场中也是非常重要的，是职场达人为自己的业绩锦上添花、无往不胜的利器。

那么，怎么才能写出一封优秀的 E-mail 来实现高效沟通呢？以下八大法则是我们需要学习和注意的：

» 绝对不在称呼上打马虎眼，敬语和礼貌用语必须有

古时候，人们写书信都会使用敬语，在信件的开头一般会按照收信对象的不同来使用不同的敬语：在写给长辈的信中一般会用"尊前、尊右、前鉴、钧鉴、侍右"等敬语，对于平辈则用"台启、大鉴、惠鉴、台右"等。

中国文化讲究的是婉转含蓄，不会在第一行就开门见山地说出自己的目的，而是要寒暄一番，拉近距离。因此在书信中也常常会用"久疏问候，多多见谅""久仰大名，时深景慕""久不通函，至以为念"等问候语。在信的结尾则会写上"即问近好""敬祝健康""此致敬礼"等词语。

现在的我们虽然不必生搬硬套古人的书信礼仪，但使用敬语对于我们塑造个人形象还是非常重要的。能用"您好"的时候，绝对不用"你好"两字，因为前者显得更为谦虚有礼。当然，如果是以上级的身份给下级或者以长辈的身份给小辈写 E-mail 的时候，后者更为适宜。

在给客户或者同事写 E-mail 的时候，一定要称呼收件人的职位，如果实在弄不清楚就直接称呼先生或者女士，这样会显得更为礼貌。当然，在非正式的邮件中，我们可以用一些平时口头交流时使用的称呼，让彼此的关系更为亲切。

平时我们在和他人交流的时候会大量用到"请""谢谢""麻烦您了"这些礼貌用语，有的人觉得在 E-mail 中用这些词语会显得太客套，让彼此的关系变得生分和疏离，如果赞美他人会让人觉得有拍马屁的嫌疑。

其实不然，中国有一句俗语叫"伸手不打笑脸人"，在使用礼貌用语和他人沟通的时候，不仅能够显示出自身的礼仪和态度，也能够让他人产生被尊重、被肯定的感觉。这个道理用在 E-mail 中仍然适用，任何时候，彬彬有礼的态度和恰如其分的赞美都能够让我们的人际关系和职场沟通建立得更为顺畅。

» 行文流畅，层次分明，重点突出

有的人写邮件的时候，习惯想到哪里写到哪里，有种天马行空的散漫感，这在职场上是非常不恰当的。如果我们把邮件写成散文，那么不仅会让人看不出一封邮件的主旨，还会给人留下一个废话连篇的印象，让他人质疑我们的工作能力。

商务邮件首先要有一个简洁明朗的标题来反映出邮件内容，起到画龙点睛的作用；其次邮件内容需要严肃、谨慎、条理清晰和逻辑分明，要让人一眼就看出这番沟通的目的所在，让收件人跟着我们的思维框架走下去；最后写完邮件的时候，还需要审查一遍，改掉错别字和语句不通顺的地方，让邮件的质量显得更高。最重要的一点是，在一封邮件里只处理一件事，这样不容易混乱，而且能够帮助我们在总结工作的时候提供有力的索引。

» 简洁有力的结束语

很多人在一封邮件写到结尾、画上最后一个句号的时候，会觉得少写了点什么似的，总要回去修修改改，把自己认为的重点拎出来再说一遍，这样一来往往令邮件的结尾拖沓冗长，让人阅读起来有繁杂累赘之感。所以在一封邮件写到结尾的时候，应该力求结束语简洁有力。如果我们觉得意犹未尽，就干脆再把邮件从头到尾看一遍，对不恰当的地方进行修改，这样才能够有效地避免结尾拖沓。

» 署名的问题尤为重要

许多人认为每个人的 E-mail 账号都不一样，当我们给他人发邮件的时候，别人不可能认不出来，但实际上每个人一天要处理的邮件非常多，有时候收件人确实要为很多邮件正文里没有署名的E-mail 花费大量的时间和精力，这不仅加重他人的工作负担，也会导致我们不能够及时地收到对方的回复，耽误双方的时间。所以署名是一个非常关键的细节，掌握了这个细节会让我们的职业生涯更为顺利。

» 感谢对方的配合

有的人在用邮件处理公务的时候，常常只管要到自己想要的回复，而忽略向对方致谢，这种顾头不顾尾的行为容易让人产生被过河拆桥的感觉。所以，当我们用 E-mail 达到自己的目的时向曾经帮助过我们的人致谢是非常重要的，这不仅能够体现出个人修养，还对我们将来的发展有着巨大的帮助。

» 特殊人物，特殊对待

我们在平时的沟通中对待上司和同事的态度及方式是不一样的，用 E-mail 沟通时也要因人而异。平时和同事讨论的工作内容没有必要都发给上司看，而且上司也未必有时间看下属的所有邮件，所以我们在给上司发邮件的时候，态度一定要慎之又慎，注明自己发邮件的目的，比如某件事需要老板拿主意，以引起上司的注意。

» 不在醉酒或盛怒之下打开邮箱

在职场上我们往往需要应酬，饭局中除了美味佳肴之外，最常见的就是酒。饭桌上的觥筹交错、你来我往是必不可少的，再不会喝酒的人也免不了要小酌两杯。我们都知道酒这种东西有麻痹神经的作用，当我们的思维被酒精麻痹、不再受理性的控制时，难免会做出一些出人意料的举动。虽然生活中我们经常会说"酒壮怂人胆"和"酒后吐真言"这样的话，但实际上酒后失言的情况不在少数。

盛怒的时候也是如此，人们在生气的时候往往口不择言，不管什么难听的话都敢往外说，这是我们发自本能的一种自我保护机制——通过言语伤害他人、达到自我保护的目的。然而一旦怒火平息、理智回来之后，我们往往会对曾经的口无遮拦追悔莫及，但此时伤害已经造成，我们弥补起来要浪费大量的时间和精力，未免得不偿失。

E-mail 一个典型的特点就是"白纸黑字"、证据鲜明，而一旦我们的情绪通过 E-mail 传递给同事，等到酒醒了、情绪下去了，就算后悔都来不及了。所以醉酒和盛怒的状态之下，不要处理邮件，甚至不要处理公事或者做决断，这才是非常明智的选择。

» 不在商务 E-mail 中提到私事、不说玩笑话

网络是一个开放的空间，我们几乎每天都能够感受到信息开放和共享带来的便捷之处，但开放也意味着信息泄露，这种案例比比皆是。

在商务 E-mail 中，我们应该尽量避免谈及个人隐私、私人恩怨或他人的八卦。毕竟 E-mail 能够留下难以消除的证据，私人恩怨我们完全可以和他人当面解决，至于八卦，和平时与我们关系好的同事口头上说一说就可以了。在职场上做到公私分开，才能够避免很多风险。

很多人平时喜欢开玩笑，把自己的幽默细胞也用在 E-mail 里，但有时候我们口头沟通开出的玩笑，如果化成文字，意义就非常不同了，可能会带有强烈的嘲笑、讥讽意味，容易伤害到他人。所以我们在用 E-mail 沟通的时候尤其要注意这一点，在工作场合中，玩笑还是少开为妙。

米格-25效应——跨部门沟通方法

任何一个整体都是由一个个的个体构成的，一家企业中也有着很多个部门，大家通力合作，企业才能够得到长远发展。合作的前提就是沟通，这里我们就不得不说起米格-25效应。

前苏联曾研制生产过一种喷气式战斗机——米格-25。这架战斗机时速为2.8马赫，在当时是世界上最快的战斗机。

1976年，一架涂有红星军徽的灰色飞机在日本的北海道函馆机场330米高空处盘旋，并飞到跑道上强行降落，在冲出跑道末端并撞倒两排雷达天线后才停了下来。日本的自卫队防空控制中心乱成一团，但很快便查明了这个飞行员的身份，原来是苏军飞行员维克托·别连科驾驶着一架米格-25叛逃到了日本。

但是这件事情的主角并非是维克托·别连科，而是他所驾驶的米格-25。这架喷气式战斗机性能之优越不仅令其受到了世界各国的青睐，也造成了西方世界的巨大恐慌。美日两国连忙赶赴现场开始对这梦寐以求的宝物进行检测。随后几天内，这架米格-25被拆得支离破碎。

美日两国的飞机制造专家联合检查后惊奇地发现米格-25并不是他们之前设想的那种全能先进的战斗机，相比美国的战斗机来说，米格-25战斗机中所使用的零部件要落后很多，但这些零部件拼合在一起之后，它的战斗性能远超了同时期的美国和其他许多国家生产的战斗机。这是什么缘故呢？原来，米格-25战斗机的设计者在设计时从整体性能考虑，对每一个零部件进行了更为协调的组合设计，这样一来，米格-25战斗机的整体性能反超美国战斗机，成为世界一流的战斗机。

从这以后，因为组合协调而产生的超出预期的效果，被人们称为"米格-25效应"。事物内部的结构合理与否，对于整体功能的发挥有着极大的影响。如果事物内部结构不合理，那么即便个体性能再优秀也很难令整体功能的优势发挥到最强状态，也就是说整体功能小于组成部分相加之和；如果事物内部结构合理，那么则会产生1+1>2的效果，即整体功能大于部分功能之和。

这相当于中国的一句古话——"三个臭皮匠，赛过诸葛亮"。当整体内部分工明确、优势互补、目标一致的时候，往往能够让整体的力量更为强大。但反过来，如果明明有三个诸葛亮，但实际产生的效果还比不上一个诸葛亮，多半是因为每个人都认为自己是正确的一方，其他人都应该听自己的，谁也说服不了谁，这种情况下难免各行其是，每个人的优势都受到牵制、难以施展。

米格-25效应在中国古代也曾出现过，最为出名的便是田忌赛马的故事。

　　齐国的大将田忌非常喜欢赛马，经常和齐国的众位公子赛马，并设上赌局，以重金做赌注。有一次，齐威王约田忌赛马，马分为上等、中等、下等三种，每次田忌和齐威王比赛的时候，田忌总是用自己的上马去和齐威王的上马比拼，中马应对中马，下马应对下马。齐威王毕竟是一国之君，他的马比田忌的马要优秀得多，所以每次比赛齐威王都能轻松地胜过田忌。

　　一连几次的失败，让田忌非常沮丧。比赛还没有结束，田忌就垂头丧气地躲在一边。这时，田忌的朋友孙膑说："我刚才仔细看了你们赛马的过程，齐威王的马和你的马脚力差不多呀！"田忌气得直瞪他："亏你还是我的朋友呢，别人取笑我就算了，你也来看我的笑话。"孙膑笑着说："我不是来看你笑话的，你可以再跟齐威王比上一局，我有办法让你赢。"田忌将信将疑地问道："你说的办法难道是换一匹更好的马？"孙膑摆手道："不用换，你的马就挺好的。"田忌顿时没了信心："你不是都看到了吗，这都比了多少次了，一次都没赢过，再比一局不还是要输吗？"孙膑说："你别不信我，听我的安排，我准能让你赢。"

　　田忌看孙膑不像是开玩笑的样子，便和他一起走到齐威王面前。齐威王一连胜了好几局，正在跟人炫耀自己的战绩，看到田忌走过来，便盛气凌人地嘲讽道："怎么着，你这手下败将难道还不服气吗？"田忌说道："我当然服气，孙膑给我出了个主意，说能赢你，咱们再比一局，这次我一定能胜你。"说完，田忌把口袋里所有的钱都拿出来放到了赌桌上。齐威王一看，忍不住笑了，吩咐身边的侍从把之前赢的钱全部拿上赌桌，又另外加了一千两黄金做赌注，说道："那咱们就再比一局，你这回可得愿赌服输啊！"

第一场比赛正式开始，孙膑让田忌拿自己的下等马去和齐威王的上等马比赛，结果不出所料，第一局田忌输给了齐威王。齐威王笑着说："我还以为名满天下的孙先生能出什么样的妙计呢？想不到居然这么拙劣，看来世人赞美孙先生的话有些言过其实了。"孙膑笑了笑，不理会齐威王的讽刺。

第二场比赛的时候，孙膑让田忌用自己的上等马去对抗齐威王的中等马，结果还真让田忌赢了一局，齐威王顿时乱了方寸。到了第三场比赛的时候，孙膑用田忌的中等马和齐威王的下等马比，又轻而易举地赢得了一局。三局两胜，田忌果然赢了齐威王。在齐威王惊讶的目光下，田忌心满意足地拿走了赌金。

同样还是那三匹算不上最优秀的马，在经过孙膑的整合之后，整体上发挥的功效却远远超过了齐威王手下每匹优秀的马，从而转败为胜，这就是"米格 -25 效应"所起到的作用。如果用中国的一个成语来形容"米格 -25 效应"，那么"集思广益"这个成语再合适不过了。每个个体再怎么优秀，它能发挥的作用都是非常有限的，但当很多个体经过一番结构调整和资源整合之后，所发挥的效用有时会大于个体之和。

米格 -25 效应在职场中的应用也是非常有价值的。因为相比部门内部沟通来说，企业中的跨部门沟通难度要大得多。一方面因为不同的部门权力关系不同，而且部门内沟通多为上下级关系，存在着权力的影响，但跨部门沟通少了权力的束缚，加深了沟通的难度，而且在很多公司中，即便是和同事相处，彼此间的友谊深厚程度也有所差别。另一方面，隔行如隔山，虽然同在一家企业工作，但各个部门的工作内容是不同的，就像设计部不懂销售部的工作流程，销售部也不了解设计部、策划部、财务部等的工作流程，加上各个部门业绩目标不同，所以沟通的难度远远超过部门内部沟通。

那么，如何实现跨部门沟通、让个体组合在一起发挥最大的效用呢？一般来说，跨部门沟通的步骤及注意事项有以下五个：

» 沟通前的准备工作

沟通前我们要对其他部门做出基本了解，比如该部门的工作内容、工作时间、换岗方式等。除此之外，我们还要明确此番沟通的目的、预测可能会发生的情况，比如我们想要对方帮我们做什么？对方会提出什么样的要求？如果对方拒绝的话，有没有别的方案可供参考？如果双方没有达成共识，那么结果会对沟通双方造成什么样的损失？想明白了这些问题再去进行跨部门沟通，那么在沟通的过程中就能够做到随机应变、游刃有余。

» 了解其他部门的语言

每个部门都有自己适用的规则和该部门惯用的术语。了解了他们的行话，就能够真正听懂对方想表达的内容。在这个基础上进行换位思考，寻求双赢的方法，才能够让跨部门沟通更为顺畅。

» 以信息的共享取得同事的信任

合作是建立在信任的基础上的，当我们想要达成某个目标的时候，不妨坦诚地将自己所掌握的资料、相关的想法和意见说出来，实现信息共享，这样能够快速地建立信任关系，提高对方的合作意愿。

» 求同存异，寻找共同的目标

由于各个部门的立场不同、工作职能不同，难免会有不同的意见产生，我们要做的不是在无谓的问题上进行争执、说服对方，而是寻找共同的目标，并朝着这个目标努力前进。就像前往同一个目的地一样，你觉得坐车方便，别人觉得步行更适合自己，两者之间的差别只是在行动方式上，尽力做到求同存异，就可以实现殊途同归的双赢。

» 多个方案，避免思维僵化

当我们进行跨部门沟通的时候，不应该只拿出一种方案，因为对方给出的无非两种结果，接受或是拒绝。一旦对方拒绝，而我们又无法拿出新的方案，不仅会伤害到彼此的感情，还会影响到沟通效果。举例来说，饭店常常会推销啤酒给顾客，当服务生问"先生，请问您要不要啤酒"的时候，他能得到的回答无非是"要"和"不要"这两个，一旦顾客说出"不要"，那么就可以视作沟通失败。

所以在沟通时，多提出几种方案、给对方多项选择，其中至少包括一种对方不太容易拒绝的方案，既能够让对方看出我们合作的诚意，又能够给他人较大的选择空间，还能降低人际交往中的冲突，这会让跨部门沟通的成功概率史高。就像是推销啤酒的服务生换个沟通方案，改问"先生，请问您来几瓶啤酒"之后，往往能够得到较好的回馈——客人会碍于面子，至少点一瓶啤酒。

Part5

日常情感沟通——抒胸臆各有法门

真诚的沟通和贴心的服务无疑是东方酒店生意火爆的秘诀。不仅在企业管理和服务顾客上需要用心交流，生活中，我们也更需要这种贴心的问候和沟通。

情感沟通——用心而不是用情绪去交流

在日常生活中，有些人善于沟通、理智冷静，通过沟通了解他人的想法和情绪，从而能够找到解决问题的有效途径，密切自己与他人的人际关系。有些人不会沟通，掌握不了沟通的要领，不仅会因为情绪失控而导致沟通失败，达不到最初的目的，还容易加深彼此的误会，将人际关系弄得一团糟。

春秋时期，孔子带领着他的弟子周游列国，一路上带着这么多人，身处荒郊野外之时，难免要以天为被，以地为席，风餐露宿，忍饥挨饿。

当孔子一行人走到了一个小国时，一个个弟子都饿得两眼昏花，恰好遇到一户好心人给了他们一点米。众人一看有米吃了，都非常高兴，孔子的弟子颜回自告奋勇提出让众人稍作休息，由他来为大家蒸米饭。

大火蒸出来的米饭将熟未熟之际的香味十分浓郁，引得人垂涎欲滴。孔子被米饭散发出来的香味引得醒了过来，他顺着浓浓的饭香味寻到了厨房，刚到厨房门口，就看到颜回掀起了锅盖，仔细地盯着锅里的米饭看了一阵，似乎是在犹豫。孔子正要开口问他，忽然看见颜回伸手从锅里抓出一团米饭塞进了嘴里。

看见这一幕的孔子非常震惊和愤怒，颜回在他的弟子之中是最小的一个，也是德行最高的一个，还是孔子最为喜爱的一个弟子，但如今这个悉心教育出来的弟子却做出偷吃这种有辱斯文的行径，平时教他的道理都学到哪里去了？孔子虽然生了一肚子气，但毕竟自己饱读圣贤书，修养良好，因此不予发作，只是转身离开厨房，回到了屋子里。

不一会儿，颜回煮好了饭，拿碗盛了满满一碗香喷喷的白米饭，双手捧着给孔子送了过来。孔子此时怒气仍然没有消除，但他不愿意指出颜回偷吃的事实，希望颜回能够自己承认偷吃的错误，就说道："我方才做梦的时候，梦到了我的祖先，想必冥冥之中必有祖先庇佑，我们就先用这米饭祭拜过祖先再吃吧。"颜回连忙摆手说："这可不行。刚在在煮米饭的时候，房梁上有土灰掉进了锅里，把饭给弄脏了。我想要是把那团饭扔了吧，也挺可惜的，毕竟是我们好不容易才弄来的米，但是让别人吃我又觉得不合适，就干脆把那块被土灰弄脏的饭团抓起来，塞进了嘴里。这米饭我已经吃过了，拿它去祭拜祖先未免太不恭敬了。"

孔子听完前因后果，知道是自己误会了颜回。孔子感慨道："所信者目也，而目犹不可信；所恃者心也，而心犹不足恃。弟子记之，知人固不易矣。"

孔子这段话的意思是：有时候人亲眼所见的事情也有可能不尽不实，造成极大的误解，认识一个人是非常不容易的事情。的确如此，我们常说："画虎画皮难画骨，知人知面不知心。"认识一个人本就需要漫长的相处和不断的沟通，若是带着自己不理智的情绪去相处和沟通，又如何能正确地了解这个人呢，再漫长的相处和再频繁的沟通在这种前提下都会变成无用功。

每个人生活中都有不如意的阶段，在遭遇挫折的时候，我们难免会心情抑郁愤懑，难以抒怀，在这个时候与他人沟通，也容易带着不愉快的情绪，这对沟通来说是非常不利的，常常容易引发误会和争端。这样的事例并不少见，有时候夫妻吵架，就是因为一方在外边工作不顺心，将愤怒、抑郁等情绪带回了家里，当配偶和孩子笑脸相迎的时候，却遭到了迁怒，以至于家庭矛盾爆发，夫妻间的感情遭到破坏。

一位妇人性格暴躁，常常因为一点鸡毛蒜皮的小事大动肝火，吵得家里鸡飞狗跳、不得安宁。这个妇人也知道自己这样的脾气不好，便来到附近一座香火旺盛的寺庙参禅礼佛，希望寺庙里的高僧能为她指点迷津。来到寺庙中，妇人向庙里的住持讲述了自己的烦恼。住持领着这名妇人来到香客居住的后院禅房，请这位妇人进去，妇人不明缘由，却还是选择相信禅师。谁知道，妇人刚一进去，住持就在外边把门关上，并用一把锁锁得严严实实的。

妇人听到落锁的声音顿时慌了神，连忙喊住持给她开门。住持却毫不理会她的请求，站在院子中念起了经文，妇人见状气得破口大骂，但不管这个妇人怎么大吵大嚷，住持始终无动于衷。骂的时间长了，妇人也累了，口干舌燥的她开始哀求住持，求住持放她出去。住持仍旧不予理会，妇人实在累得说不出话，见住持不理会自己，也觉得没什么意思，便不再说话。

住持听到禅房里没了动静，走到门前问道："你现在还生我的气吗？"妇人听完没好气地说："我生你的气做什么？我只气我自己，为什么要费尽千辛万苦跑到山上来受这份罪。"住持闻言说道："你连你自己都没有原谅，什么时候能够做到心如止水呢？"说完住持也不等妇人回答，径直离开了。

过了一会儿，住持回到门前问道："你现在还生自己的气吗？"妇人悻悻道："不生气了。"住持问："为什么不生气了？"妇人说："我生气又有什么用？你又不会放我出去。"住持说："你现在并不是不生气，而是把所有的怨气都压在了心底，这些怨气迟早还会全部爆发出来的，到时候只会更严重。"说完住持又离开了。

又过了一会儿，住持再次走上前，妇人主动说道："大师，放我出去吧，我已经不生气了。"住持有些惊奇地问："噢？为什么呀？"妇人说道："因为这根本不值得我生气啊。"住持笑道："你还知道衡量值得不值得的问题，可见心里还是有气，只不过是你自欺欺人罢了。"说完住持走出了院子。

当他端着一盏清茶再次来到这间禅房的时候，已经是日影西斜了。住持照旧问她："你还生气吗？"妇人笑着反问道："大师，什么是气？"住持闻言想了想，打开房门，将手中的茶水倒在了地上。妇人见状顿时有所感悟，躬身一拜后，转身离开了寺庙。

通过这个故事可以得出一个道理：很多时候我们要学会自我调节，将自己的情绪调至正常状态，然后再心平气和地与他人进行交流，这样才能够为彼此的沟通打下良好的基础。在沟通的时候，我们尤其要注意的是用心去和他人沟通。

堪称亚洲之最的泰国东方酒店是世界上较为知名的一家酒店，这家酒店的生意非常红火，不管是旅游旺季还是旅游淡季，几乎每天都是客满状态。如果想要入住这家酒店，必须要提前一个月进行预订，否则很难入住。泰国并不能算作发达国家，但酒店入住的客人基本上都是来自于西方发达国家。这是什么缘故呢？就是因为他们真诚用心的服务。

据入住过这家酒店的张先生所说，他第一次住进这家酒店时，优美的环境就给他留下了深刻的印象，而酒店的贴心服务更让他觉得宾至如归。

有一次，张先生拿着房卡走出房门准备去餐厅吃饭的时候，他所住楼层的服务员立刻亲切而恭敬地问候他道："张先生是要去餐厅用早餐吗？"张先生觉得奇怪，自己没有将姓名告诉过对方，对方是如何得知的呢？张先生说出了自己的疑惑，服务生笑着回答道："我们酒店的规定就是要牢牢记住每一个客人的名字，并问候每一个见到的客人。"这个回答令张先生感到震惊。由于工作的原因，张先生入住过很多酒店，但是从来没有一家酒店这么贴心，何况一个酒店一天要入住的客人非常多，熟记客人的姓名和面容也是一件非常不容易的事情，酒店的这个规定让他不由得心头一暖。

告别服务生之后，张先生乘电梯前往餐厅，刚出电梯，餐厅的服务员就上前迎接道："张先生，里边请。"张先生疑惑地问道："你又没有看到我的房卡，你怎么知道我的姓名呢？"服务生笑着解释道："因为您刚才下楼的时候，楼上的服务生已经打电话通知过我了，所以我才能及时地迎接您。"

这样一对一的服务，让张先生深受感动，服务生接着问道："张先生，您还坐老位子吗？"张先生惊异地看了服务生一眼，他想起自己上一次来这里入住的情形，可那已经是一年前的事情了，难道这个服务员的记忆力真有这么强吗？服务生主动解释道："因为您之前入住过我们酒店，酒店的电脑里有相关的记录，上面明确显示了您在靠窗的位置上用过餐，而且电脑上明确显示了您上一次吃的早餐是什么。那么您还是坐老位子吗？"张先生听完非常高兴，酒店细致入微的服务出乎他的预料，于是他点点头说："还是老位子。"服务生接着问："那么您的早餐是否要和上一次的相同？"张先生说："我还要去年吃的那份早餐。"显然，他十分满意于酒店的服务。

后来张先生因为工作调动，没有再到泰国出过差，自然也没有再入住过这家酒店。但后来过生日的时候，张先生收到了一张生日贺卡，来自于他之前入住过的酒店。贺卡中夹了一封信，信上写道："亲爱的张先生，首先祝福您生日快乐。一转眼离我们上次分别已经过了三年的时间，这三年来，我们酒店全体人员都非常想念您，深切希望能够再次见到您。"张先生看完这封情深义重的信深受感动，决定下次如果有机会出差到泰国的话，绝对要再次入住这家酒店，他不但要自己入住，还要向自己的朋友大力推荐这家酒店。

真诚的沟通和贴心的服务无疑是东方酒店生意火爆的秘诀。不仅在企业管理和服务顾客上需要用心交流，生活中，我们也更需要这种贴心的问候和沟通。

人与人相处时离不开沟通，人们的情感需求也只有在和他人沟通、交流的过程中才能够得以满足。很多人失恋之后，就需要和朋友在一起，哪怕朋友不会说太多安慰的话，仅仅是贴心地提供一个怀抱和一双倾听的耳朵，对失恋的人来说就已经足够了。平时我们也有各种各样的烦恼等待倾诉和解决，所以我们需要三不五时地与朋友聚聚，哪怕什么都不做，聊聊彼此的近况，发自内心地去关心一下对方的工作和生活，也是有利于我们的情绪管理、身心健康和友谊加深的。只有拿出爱心、耐心和诚心去帮助他人，人和人之间才能够实现真正意义上的心灵沟通，满足彼此的情感需求，让生活的质量得到有效的提升。

争来理、输掉情——不要与家人讲理

很多新娘在出嫁前，父母都会殷殷叮嘱："嫁过去之后不要那么争强好胜，家不是讲理的地方，要讲情，这样两个人遇着磕磕碰碰时，也能够相互扶持走下去。"仔细一想，这和我们平时接受的教育是不一样的，我们常常听人说这样一句话："有理走遍天下，无理寸步难行。"怎么到了家里，讲理这一招就说不通了呢？因为家是一个特殊的地方，它能够成为我们避风的港湾，也能成为一个你争我斗的战场，它容得下生活爱好和习惯相互契合的夫妻，也容得下性格迥异、兴趣截然不同的恋人。它能够给我们最甜蜜温馨的感觉，也能够让我们尝尽生活的酸甜苦辣，所以家不能够以常理度之。

中国有句俗语叫"清官难断家务事"。这句话流传了很久，可考证的出处是源自于明朝文学家冯梦龙的《喻世明言》，意为：即便再公正廉明的官吏也难以决断烦琐复杂的家庭琐事。"清官难断家务事"这句话背后还有一个有趣的故事。

相传在宋朝时期，有一位名叫赵秉公的县令。人如其名，他是个清正廉明、断案公正的好官，在当地深受百姓的景仰。

有一次，赵秉公的好朋友前往县衙拜访他，这位朋友说："我听说你断案十分公正，尤其擅长裁夺刑律命案，我这里有个民事纠纷的案子，想了很久都不知道该怎么决断，不知道你能不能明断是非。"赵秉公一听也来了兴趣，说道："民事纠纷不都是一些鸡毛蒜皮的小事吗？这有什么难的，你说来我听听。"

这位朋友放下茶盅，说道："我们村有一个姓张的老汉，这个老汉的妻子早逝，给张老汉留下了两个儿子。张老汉是个能吃苦的人，省吃俭用，把两个儿子拉扯大，两个儿子像他爹，也是吃苦耐劳的庄稼汉，兄弟同心倒是把日子过得红红火火。家里有钱了之后，张老汉找来媒婆张罗给两个儿子各娶了一房媳妇。这两房媳妇也争气，争先恐后地给张家添丁进口，但有一点不好，就是妯娌间老是闹矛盾，鸡毛蒜皮的小事都能掰扯大半天，每天吵来吵去，闹得张老汉没有半点清静。眼看是过不下去了，张老汉提出了分家。张老汉这辈子置了两处宅院，田地加在一块儿一共二十亩，要是分家这可怎么分呢？"

赵秉公听完笑笑说："这有什么难的，张老汉不是有两处宅邸吗？两个儿子一人一处，至于田地，每人十亩不就行了嘛，两个儿子不多不少，这样分再公平不过了。"朋友说："还有一个先决条件我没跟你说，就是张老汉的两个儿子虽然都给张家添丁进口了，但老大媳妇争气，接连给张老汉生了三个孙子，这三个孙子眼见着都长大成人、要娶媳妇了，老二家里只有一个没有成年的儿子。按照你的分法，对于大儿子的三个孩子岂不是很不公平？"

　　赵秉公觉得朋友说的也很有道理，又思考了一下，说道："这也不难分，既然都是张老汉的孙子，那把两处宅邸分给两个儿子，二十亩地平均分给四个孙子不就好了，一个孙子手里分到五亩地，也算是张老汉对孙子们尽心了。"朋友皱了皱眉说："可是你这么一分，张老汉的儿子孙子是都分到东西了，但张老汉怎么办呢？他奋斗了一生，这么一分，岂不是一无所有了？让他一个孤寡老人如何谋生呢？按照你第一种分法，张老汉还能够让两个儿子轮流供养，现在连孙子也算上了，这样一来供养老爷子都成了一个难题，还免不了让张家子孙落一个不孝的名声。这实在不妥当。"

　　赵秉公说道："那既然这样为什么还要分家呢？四世同堂儿孙绕膝多好呀！将来孙子成亲之后，张老汉就能来个五世同堂了。一家人其乐融融不也挺好的！"朋友说道："你先别下定论，这件事还有后续发展。张老汉的二儿子身体一向不太健康，没过多久，竟然因为生病去世了，只剩下老二媳妇独自一人拉扯孩子长大，日子过得很是清苦。老二媳妇想趁着年轻的时候再寻一门亲事，但是张老汉认为家里并没有亏待老二媳妇，孩子也还没有成年，所以不愿意让老二媳妇再嫁。你说这老二媳妇到底能不能再嫁呢？"

　　赵秉公说："按理说，女子讲究三从四德，所谓三从正是在家从父，出嫁从夫，夫死从子。既然她有儿子，那就不应该再嫁给别人了。"朋友笑着问道："按你这么说，这个农妇就不能够改嫁了？"赵秉公点点头表示同意，朋友反问道："那为什么当朝的公主嫁了人，驸马死了，就算生下了孩子，也能够再嫁？到了一个农妇身上却不容她改嫁？这算哪门子的公正呢？再说我之前跟你说的，你接连断出三个结果，哪一个是真正公正可取的，你自己可想得明白？"

赵秉公被他问得哑口无言，朋友打趣道："我还道你是有口皆碑的清官，断案公正无私，怎么到了家庭琐事上反而不行了呢？可见清官也难断家务事啊！"赵秉公也苦笑着附和了两句。"清官难断家务事"的俗语就此流传开来。

维系家庭的两个重要因素，一个是婚姻关系，另外一个则是血缘关系。一个是以爱情为基础的，一个是以亲情为基础的，它们决定了家是一个讲爱讲情重于讲理的地方。这一方面导致了"清官难断家务事"的客观存在，因为一个家庭的建立必然经历了无数的辛酸苦楚，中间掺杂着怎样的爱恨纠葛不足为外人道，即便和盘托出也是外人所不能够轻易理解的；另一方面也导致了在家庭中纯粹地通过讲道理来与别人沟通是不行的，因为抛开感情妄谈"道理"是对感情的全盘否认，而且在解决家庭矛盾的时候，我们是很难全然摈弃感情因素的。

在爱情喜剧《河东狮吼》中，张柏芝扮演的柳月娥曾经对陈季常说过这样一段经典的台词："从现在开始，你只许对我一个人好；要宠我，不能骗我；答应我的每一件事情，你都要做到；对我讲的每一句话都要是真心。不许骗我、骂我，要关心我；别人欺负我时，你要在第一时间出来帮我；我开心时，你要陪我开心；我不开心时，你要哄我开心；永远都要觉得我是最漂亮的；梦里你也要见到我；在你心里只有我！"这样的要求可谓霸道十足，半点理都不讲，但是在恋爱中，很多人却将这段话奉若爱情圣经，如柳月娥要求陈季常一般要求自己的恋人。面对这样的爱情、如此的爱人，你时时处处都与她讲道理，她会好好听吗？当她想让你用真情实意与之沟通的时候，你却摆出一条条冷冰冰的大道理来表达自己的意见和需求，反而不利于解决问题。

中央电视台《夫妻剧场》曾经请来了词坛泰斗乔羽先生和他的夫人。两个人相知多年，感情十分深厚。主持人向乔羽夫妇取经，问如何才能够像他们这样与配偶白头偕老。乔羽先生非常幽默，他说："不过一个'忍'字罢了。"他的夫人听完不甘示弱地说道："我的秘诀是一忍再忍。"两个人的幽默诙谐如出一辙。但不得不说，他们的幽默背后说出了真理，和家庭成员相处沟通的时候，就是需要忍。正所谓退一步海阔天空，在发生矛盾、产生分歧的时候，双方各退一步，相互妥协，冷静地解决问题才能够让家庭关系得以稳固。网络上热心网友也无私地分享了自己的经验，要想讨老婆开心，无非两条，第一条是"老婆说什么都是对的"，第二条是"如果老婆错了，请参照第一条"。

若是与家人沟通时不懂得忍让、留情，不懂得要适当地"不讲理"，会有什么样的结果呢？当我们和家人开始算账的时候，就已经严重伤害到家人的感情了。当家庭成员因为一点鸡毛蒜皮的小事争得不可开交时，小矛盾只会越闹越大，因为双方所处的立场不同，考虑事情的角度不同，心里的顾虑也各不相同，难免公说公有理，婆说婆有理。在这种情况下，如果我们一味地讲道理，试图用自己的道理去说服对方，如此针锋相对的据理力争无异于互相伤害，只会令双方的心里蒙上一层沉重的阴影，这样即便最后有一方争来了所谓的理，也会伤害到家庭成员之间的感情，甚至会导致家庭矛盾恶化、破坏家庭关系，使原本亲密无间的家人分道扬镳。

所以在解决家庭矛盾的时候，我们尤其需要注意这一点，千万不要把道理看得比情意还重。有道是"水至清则无鱼，人至察则无徒"。在一起生活难免会有磕磕碰碰，我们大可不必将事情的是非曲直弄个清楚明白。更多的时候我们需要正视家庭的情感功能，以一个宽容大度的心态去对待家庭中的矛盾，只有双方相互包容、相互妥协，在心平气和的情况下进行沟通，才能够从根本上解决矛盾，将家庭关系经营得更加牢固，让生活变得更加美好。

但这里所说的"家庭不是一个讲道理的地方"并不等于"家庭是一个不讲理的地方"，更不能将其与"在家庭中可以蛮不讲理或在家庭中可以无理偏要搅三分"之间画等号。国有国法，家有家规，无规矩不成方圆。即便在讲道理无法有效解决问题的家庭环境中，也要有相应的规矩去约束家庭成员的行为，用相应的沟通方式在情和理之间找到平衡点。

常见的家庭错误沟通模式无非是以下几种：在沟通的过程中，一方盛气凌人、趾高气扬；在谈话过程中，一方一直打断他人的话，或是进行严厉批评；只顾自己不吐不快、喋喋不休，不考虑对方的感受和回应。一般来说，这些情况经常会发生在孩子与父母的对话当中，即便家长的观点再怎么正确，孩子从心理角度也很难接受，这也是家长和孩子之间容易产生情感隔阂的一个重要原因。沟通是需要主动的，但它也是一个需要双向互动的过程，试问谁又愿意从仰视的角度、以一个被诋毁和无视的身份去和他人进行沟通呢？

　　所以在家庭中，当我们想要就某件事发表自己的意见或提出不同看法时，沟通的双方都要端正态度，站在平等的角度对话，这样才有继续沟通的可能。我们还要和对方进行及时的互动，通过观察对方的面部表情和肢体语言等来体会对方的心理变化，以此获得准确的反馈信息，将道理融于感情之内，缓缓地传输到对方的心里。

撒娇的智慧——撒娇的女人最好命

一提起"撒娇"二字，可能每个人的脑海里都会出现一个柔媚软萌的美女嗲嗲地拖着尾音说话的画面。看过《撒娇女人最好命》这部电影的人可能还会回想起隋棠所饰演的台湾娇娇女蓓蓓哭着说"怎么可以吃兔兔"的情节。

随着现代社会的发展和女性地位的提高，很多女性从肩不能扛、手不能提的大小姐变成了顶天立地且异常彪悍的"女汉子"。尽管如此，如果我们仔细观察会发现，陷入热恋的女生不管平时多么彪悍坚强，到了恋人身边还是会忍不住撒娇。为什么很多明明看上去豪气冲天的女汉子也会在恋人面前撒娇呢？心理分析大师弗洛伊德给出了这样的解释：女人在陷入热恋之后，由于对恋人高度信任，会出现感性打败理性的现象，导致心理年龄倒退，开始变得幼稚、孩子气，喜欢像孩子一样奶声奶气地说话、撒娇、任性等，这可以追溯到婴儿时期简单的生理需求。也就是说，这时候女性撒娇、扮可爱的行为是天性的，是由对恋人的信任催生出来的。

在现代社会，很多人都会将撒娇看作一种女性化的表现。当男性撒娇的时候，则往往会被人讥讽为"娘娘腔"，这样的看法是带有极大偏见的。其实无论男女老少，潜意识里都会撒娇。小孩子在请求父母给自己买心爱的玩具的时候，总能无师自通地点亮撒娇这个技能；家里的老人有时候也会任性地向小辈发脾气，以求关注和抚慰。不过撒娇的确是女人最常使用的一种沟通手段。

　　两名女士在商场上看上了同一款衣服，但由于衣服的价格过于昂贵，财政大权又不掌握在自己手里，所以都非常希望丈夫能够帮自己买下来。然而回家之后，两名女士采取的方式完全不同。

　　李女士回家之后，看到丈夫正在沙发上看电视，李女士凑上前去搂住丈夫的肩膀，肉麻地说："老公，我爱你。"丈夫先是诧异，然后了然地问道："说吧，你又想买什么？"妻子接着用无比甜蜜的语气说："老公，我真的好爱你。"丈夫想了想说："看来你这次想买的东西不便宜啊。"妻子搂住丈夫的双臂讨好地摇了摇，说道："老公，你不知道，最近我在商场看上一款裙子，真的超级漂亮，跟我上次买的那双高跟鞋搭在一起好看死了。人家想穿得漂漂亮亮地跟你出去玩，你帮人家买回来好不好？"一番软绵绵的话说下来，丈夫的骨头都酥了，虽然有点心疼钱，但还是大方地应允了，李女士得偿所愿。

　　另外一位刘女士却非常直白地告诉丈夫，自己看上了一件非常昂贵的新衣服，想要买下来，并毫不保留地把价格说了出来。刘女士的丈夫听完后咋舌道："便宜的衣服又不是不能穿，为什么非要买这么贵的呢？"刘女士听完也有点冒火，开始絮絮叨叨："我每天上完班回来还要给你们洗衣服做饭，我付出这么多，买件好点的衣服犒劳一下自己都不行吗？嫁给你之前说好了要让我过好日子，结果我嫁过来这么多年，过什么好日子了，连件像样的衣服都没有……"丈夫听到刘女士的话也烦了："我什么时候委屈过你了，你付出那么多，难道我就没付出吗？这些年你吃的穿的比人家差在哪儿了？刚过两天安生日子你就开始作妖，不想过趁早离！"

　　两个人使用的沟通方法不同，最终取得的结果也截然相反，这就是撒娇的魔力。相比很多女孩子自己拼死拼活费心费力才做出的成果，有些会撒娇的女生只要在男生面前稍稍示弱，就能够更轻松便捷地达到心中所预想的目的、让事情更加顺利，这就是策略性撒娇的妙用。善于撒娇的人也会给人留下一种柔弱、可爱的印象，更能够激发他人的保护欲。

　　演员陈好曾经讲述过自己的经历。姿容美艳的她在学生时代竟然没有一个男生追求，这是一件令人难以想象的事情。直到大学毕业，陈好才从同班男生那里弄清楚了自己桃花不旺的原因，不是因为外貌，而是因为个性太强。陈好在学生时代是一个非常独立自主的女生，甚至比很多男生都要坚强，这样的形象一度吓到了很多心存爱意的男生，以至于没人敢去摘下她这朵霸王花。女性独立自主固然是一件好事情，但有时候太过强硬的姿态也会让男性产生难以驾驭之感，毕竟和小鸟依人的女性在一起更能够彰显男性的男子汉气概。

韩寒在他的作品《三重门》中写道："不漂亮的女孩子撒娇成功率其实比漂亮女孩子要高，因为漂亮女孩子撒娇时男的会忍不住要多看一会儿，再在心里表决是否值得；不漂亮的女孩子撒的娇，则像我国文人学成的西方作家写作手法，总有走样的感觉，看她们撒娇，会有一种罪恶感，所以男的都会忙不迭地答应，以制止其撒娇不止。"这段话听来好笑，实则并非没有道理，因为大家公认撒娇这种事也是要看脸的，但这并不是说撒娇是漂亮女性才能够使用的专项技能，只要能够熟练运用撒娇这一技能，任何人都能够通过简单快捷的技巧让自己的生活变得更加轻松有趣、为自己谋取更多的权益。

撒娇虽然能够便捷我们的生活，但这一技能却不便滥用。只有把握撒娇的尺度和技巧，以下制上，以柔克刚，才能让"撒娇的女人最好命"成为现实。

首先，不要用错了撒娇的方式。撒娇并不是刻意地扭腰摆臀、忸怩作态，过犹不及会把撒娇变成卖弄风情，让他人会错意，出现尴尬的情况。真正的撒娇应该是发自内心的、建立在双方都感到愉悦的基础上的一种行为，因为感受到了爱和信任，所以内心才会变得柔软，进而以一种柔软温和的态度对待他人。

其次，要注意撒娇的对象、分寸和时机。撒娇在更多时候和场合是信任对方的表现、表达亲密的方式，也正因为如此，很多女性不会在不亲近、不熟悉的人面前撒娇发嗲。贸然撒娇往往容易适得其反。所以说，在亲近的人面前适当任性一下还行，在不熟悉的人面前撒娇反而会引发他人的不适和排斥。

最后，试图通过撒娇来不劳而获的心理是不可取的。撒娇只应该是我们为了达到目的而使用的辅助技能，不是为了达到目的而采取的主要手段。如果我们刻意地、一门心思地撒娇给他人带来了负担，那就不能叫撒娇，而是无理取闹了。

爱的赞美——老夫老妻互夸赞

在丹麦童话大师安徒生的经典著作中，有这么一篇故事，名字叫《老头子总不会错的》，故事的内容大致如下：

在一个小乡村，生活着一对贫穷的老夫妻。这对夫妻家里养了一匹马，由于两个人年纪大了，这匹马多少有点用不上，他们便想着把马牵到集市上卖掉，换点其他有用的东西回来。老婆婆一边给老头子裹上头巾，并把头巾打上整齐漂亮的蝴蝶结，一边对老头子说："今天刚好赶上镇上有集市，你把这匹马牵到集市上卖掉吧，换点钱买点其他东西也好，或者直接用马交换点什么东西。反正老头子做事总不会出错的，你赶快出发吧。"老头子听完老婆婆的话非常开心，他戴上帽子与老婆婆吻别之后，乐呵呵地牵着马走出了门。

来到集市上，人来人往好不热闹，老头子找了一片空地，把马拴在树桩上等待买主。老头子从早上等到中午也没见几个买主，便有些沉不住气，起身四处打量。不过还真让老头子想到了个主意，他看到不远处有一个人牵着一头母牛，这头母牛明显生病了，看上去蔫头耷脑的没什么精神，但老头子却非常满意，牵着自己的马上前和母牛的主人交谈起来。经过一番交流，老头子用一匹壮硕的好马换来了一头生病的母牛。

老头子牵着母牛在集市上行走，没过多久便看到了一只待售的羊，老头子想：我们房子周围全部都是草，养一只羊完全没有问题。于是他和羊的主人交谈一番，用一头母牛换了一只羊。

老头子继续往前走，又看到了一只羽毛丰满的大肥鹅，老头子想到自己家门前正好有一个池塘，养只鹅还能下蛋多好，就用手里的羊换了一只鹅。

老头子接着往前走，看到一户人家的栅栏上拴了一只短尾巴鸡，这只鸡看上去非常漂亮，甚至比乡村牧师养的那只母鸡还要漂亮。老头子当时就心动了，他想：这只鸡不错，如果养了它，它肯定自己找虫子吃，又能够下蛋，来年孵出一窝小鸡倒也不错呢！这样想着老头子就上前去和户主商谈，用一只肥鹅换来了一只母鸡。

老头子顶着炎炎烈日忙了一个上午，实在是又渴又饿，就想找个地方吃顿午饭，喝杯小酒。走到一家酒馆门口的时候，老头子看到店里一个伙计背着满满一袋子的东西走了出来，老头子问道："小伙计，你的袋子里装的是什么啊？"小伙计回答道："后厨剩下了一堆烂苹果，我正要拿去喂猪。"老头子心想：这一大袋子苹果可真是令人心疼啊，我和老太婆已经很久都没有吃过苹果了，如果我背回去一袋苹果，老太婆指不定多开心呢！老头子叫住了小伙计，用一只母鸡换了一袋烂苹果。

老头子扛着一袋子烂苹果走进了小酒馆，酒馆里人还不少，他便找了个位置坐了下来。他旁边有两名客人正盯着他看，因为这两名客人看见小伙计扛着这袋烂苹果出去了，怎么这个老头又把烂苹果扛回来了呢？两名客人问起这个问题时，老头子得意扬扬地将自己用一匹骏马换来了一头奶牛，又用奶牛换了一只羊，用羊换了鹅，又用鹅换了一只鸡，最后用鸡换来一袋子苹果的事情讲了出来。两个客人惊诧地说："所以你用一匹骏马换来了一袋子烂苹果？"老头子显然很满意自己换来的东西，颇为得意地点点头。

两名客人不约而同地笑了起来，其中一个客人说道："我们可以肯定，如果你背着这袋子烂苹果回去，你老婆一定会狠狠地踢你的屁股！"另外一个人说："就算你老婆不揍你一顿，肯定也免不了要跟你大吵大闹。"老头子却说："你们错了，老太婆一定会给我一个温馨的吻，并夸我做得对。"两个客人不服气地说："我们可以拿满桶的金币跟你打赌。"老头子说："我可没有那么多金币，我只有一袋子烂苹果。要是不够的话，就把我和我们家老太婆也加进去好了。"

于是他们就这么说定了，两个客人跟着老头子往家里走。老头子敲敲门，老婆婆打开门之后给了他一个温馨的吻，问道："今天去集市交换东西还顺利吧？"老头子急于说出自己做的好买卖，忘记了身后的客人，只顾拉着老婆婆的手说了起来："我用我们的马换了一头奶牛。"老婆婆露出欣喜的微笑说："是吗？老头子你真是聪明能干，这样我们每天都有牛奶喝了，我也可以给你做奶酪吃了！这真是太好了！"

老头子接着说："我走到路上的时候，看到了一只羊，就把牛换成了羊。"老婆婆说："换成羊的主意真是妙极了，我们家附近正好有草可以放羊，我们这下不但有羊奶喝，还能做羊奶酪吃。最棒的是，我还可以用羊毛给你织上一顶帽子。这可比一头只会产奶的母牛划算多了。"

"可是我后来把羊换成了一只鹅。"老头子说。"你想得可真周到，我们门前刚好有一个池塘，把鹅放进去养着，我们圣诞节就能吃上肥美的烤鹅了。"老婆婆高兴得几乎要跳起来。

"后来，我又把鹅换成了一只鸡。"老婆婆依然非常高兴地说："那就更棒了呀！鸡能够生蛋，还能够孵小鸡，看来我们很快要养一院子的鸡了！老头子你可真是聪明。"

"不过，我走到酒馆的时候，看到小伙计扛了一袋苹果，我把鸡拿去换了苹果！"老头子接着说。"我真要给你一个吻了，你知道我想做苹果派很久了吧！你居然换了一大袋苹果回来。现在我们不仅能吃上苹果派，还能拿苹果去换邻居家的香菜了！这真是个绝妙的主意。我就说嘛！老头子做的事情都是对的！"说完老婆婆凑上去给了老头子一个响亮的吻。

两个客人见状愿赌服输，心悦诚服地给了老头子一桶金币。

故事里的老头子显然一直在做赔本的买卖，但难能可贵的是，老婆婆对老头子的行为一直都持肯定和支持的态度，毫不吝惜自己赞扬的话语，所以两个人能够把贫困艰辛的生活过得无比甜蜜。简单的童话故事却透露出了一个真理——赞美在生活中是不可或缺的。它是人际关系中的润滑剂，更是表达爱意、稳固家庭关系的好帮手。

当丈夫给妻子精心挑选了一件衣服或是一套化妆品的时候，总是希望能够得到妻子的赞扬；当一个家庭主妇用心烹饪出一桌色香味俱全的晚餐时，虽然表面上不做什么表示，但内心也总是希望得到家人的肯定和夸奖的。但这样的细节却往往被人忽视，有的时候，因为买的尺码或颜色不对，妻子会跟丈夫大吵大闹；嫌妻子的饭做得不合口味，丈夫也会大声指责妻子的不体贴，这样双方只会吵得不可开交，加深家庭矛盾。

张阿姨常年在家担任家庭主妇的角色，每天早上起来，按照家人的口味，给全家人做早餐和外带的午餐，既满足了孩子吃面包、煎蛋等西式早餐的需求，又满足了老人喝豆浆、吃油条的中式早餐需求。吃过早餐、刷过碗之后，上班的上班，上学的上学，逛公园的逛公园，勤劳的张阿姨则开始着手整理家务，先把全家人的脏衣服收拾到一起，分类放到洗衣机里清洗。洗完开始打扫卫生，把地板拖得干干净净，窗户也擦得能照出人影来。好不容易忙完家务，已经是暮色四合要买菜和做晚餐了。由于天气变热，张阿姨想着帮家人消暑下火，新学了几个菜式，准备给家人做来试试。而且为了美化家庭环境，她还专门从花店买了一束鲜花放在客厅的餐桌上。张阿姨满怀期待地希望家人能够发现家庭环境变好了。

尽管她把家里的卫生打扫得很好，晚餐也做得非常尽心，但吃饭的时候似乎每个人都没有注意到家里发生的变化，也没有任何一个人评价一下晚餐的好坏，其他人甚至都没有发现今天的菜式与往日不同。张阿姨忍不住发问："今天的晚餐怎么样？"家庭成员们给出的回答是："还行吧，和平时没什么差别。"听完这样的话，张阿姨有些生气，认为自己付出的努力全都白费了，因为其他人只关注自己的事情，根本没把她的良苦用心放在眼里。

所以第二天，她干脆买回去了一堆苦瓜，做了满满一桌子的苦瓜菜苦瓜汤给家人吃，直到吃到嘴里，这些家庭成员才发觉菜不合口味，一个个抱怨张阿姨不应该捉弄他们，但张阿姨也非常愤怒，她大声说道："你们这群没良心的人应该感到庆幸，因为我还没有让你们这群丝毫没有感恩之心的人吃草。"

接下来几天，张阿姨都没有做任何家务。几个家庭成员的生活一团糟：吃不上早饭不说，一个个不得不穿着脏衣服上班上学，形象有损不说，外卖也吃得反胃。实在没有办法了，他们才去找张阿姨沟通。借着这个机会，张阿姨将平时积攒的不满全部说了出来。听完张阿姨的控诉，家人才明白事情的严重性，连忙诚恳地向张阿姨道歉，并表示不会再无视她的劳动成果，一场家庭风波才得以平息。

俗话说："良言一句三冬暖，恶语伤人六月寒。"如果张阿姨的家人能够及时发现她为家庭所付出的辛劳和努力，并予以肯定和赞扬的话，也许就不会有后来那么多的麻烦事了。

在和他人沟通的时候，一句恰到好处的赞美是非常有意义的。知名娱乐节目主持人李维嘉曾经在节目中给大家示范过一个"撩妹"套路。节目组让他和妹子搭讪，他上去问了吴昕一句："你妈妈是小偷吗？"吴昕诧异不解道："我妈妈怎么会是小偷呢？"估计吴昕心里也在嘀咕，说好的撩妹呢？说好的搭讪呢？怎么一上来就问这种莫名其妙的问题？不过随即吴昕和观众们就都明白李维嘉为什么会说这样的话了，因为李维嘉接下来说的是："那你妈妈怎么把天上的星星偷下来当作你的眼睛？那么明亮，那么深邃！"一句话说得吴昕掩面而笑，娇羞无比。这是什么？这就是赞美的套路。被赞扬的人如同在沙漠中跋涉良久，突然找到了一汪清泉，简单质朴的话语有着神奇的作用，能够滋润他人干涸的心灵。有了这种套路，进一步的沟通还是问题吗？

所以当我们发现他人优点的时候，不要吝惜自己的赞美，坦诚大方地说出来，往往能赢得他人的好感。平时他人做的事情再微不足道也要予以肯定，这样才更容易赢得他人的欢心。我们在赞美他人的时候也要注意方式和技巧，特别是要区分赞美和恭维。真诚的赞美和蓄意的恭维之间有着本质的区别：发自内心的赞美往往有着真正的事实作为依据，这样的话语能够经得起考验；而恭维的话往往是言不由衷的，被恭维的人会觉得说恭维话的人夸大其词，目的不纯，甚至有可能是在说反话，心里根本就不是那样想的，效果也适得其反。

所以，不要说一些没有营养的客套话，而是要言之有物，赞美对方值得称赞的地方。比如，当我们发现对方穿了新衣服，可以赞赏对方的身材；当对方换了双新鞋子，我们可以赞美对方的气质和眼光。努力去发现对方的优点，实在发现不了的时候，也可以称赞对方气色好，或是将对方所携带的物品作为切入点进行赞赏。因为一个人所拥有的物品往往代表了他的眼光和品味，当我们予以认同的时候，能够有效地拉近彼此的距离。

夫妻在相处的时候，赞美的作用就更加重要了，因为长期的相处足以让两个人揭开自己的伪装、露出真面目。如果不能够以宽容和赞赏的态度相待，而是多加指责的话，那么两人的生活必然鸡飞狗跳，难以平静，直接影响到工作和人际关系，彼此间的感情也很难持续发展。因此，只有抱着欣赏的态度，细心发现对方的优点，并恰到好处地进行赞美，才能让感情升温、沟通顺畅，令彼此的关系更加稳固。

有事儿您说话——为何不敢拒绝

在 1995 年春晚小品《有事儿您说话》中，郭冬临演绎了一个经典的老好人形象。出场时郭冬临扎着红头巾，身穿军大衣，一手提着便携式小板凳，一手扛着铺盖卷，还没说话就打了一个响亮的喷嚏。他为什么要做这副打扮呢？他手里的东西又是做什么用的？

原来，郭冬临为了给单位的同事老牛排队买卧铺票，带着铺盖在火车站整整排了一夜的队。在寒风呼啸的冬天排一晚上的队，这种滋味实在不好受。不幸的是，即便他排了一整夜的队，也仍旧没能买上车票，但这并没有难住郭冬临，他硬是自掏腰包搭进去两百块钱买了两张高价票。

郭冬临得意扬扬地向观众展示了一下自己费尽千辛万苦买来的车票，身后突然传来了一声问候，原来是邻居老陈。老陈和郭冬临寒暄了一阵，提到了郭冬临之前提过的帮忙把五百斤白菜扛上六楼的事。郭冬临正打算放下东西上去帮忙，结果老陈说白菜已经被郭冬临雇的民工全部扛上去了。郭冬临虽然有点摸不着头脑，但还是客套了一下，随口说道："有事儿您说话。"

回到家之后，郭冬临的妻子问他帮邻居老陈扛大白菜的事是不是他给揽下来的，郭冬临果断承认了，问及帮忙扛大白菜的人是谁的时候，妻子说是让自己的爸爸化装成农民工帮忙扛上去的。妻子抱怨他每天揽事搭钱，不知道到底图什么，郭冬临说："我在单位的地位与日俱增了。"在郭冬临给单位的科长买过三张卧铺票之后，科长都给他送"礼"了。而所谓的礼物，就是科长出差时从宾馆里带回来的几个劣质牙刷。

正在两个人争论的时候，郭冬临的同事老牛来取票了，郭冬临开口就是："有事儿您说话。"他瞒下自己排队买票的辛苦不提，给出了另外一番说辞，声称车票是他的一个哥们送的，一下子送了五张，多余的三张他让人拿回去了。结果老牛说："那刚好，我们又添了三个人。"郭冬临这算是搬起石头砸了自己的脚，他恨得连连抽自己的嘴巴，但为了保住面子，他还是要云淡风轻地说这事没问题。

好不容易送走了老牛，郭冬临单位的科长又来了，科长开门见山地说单位有事想托他办，郭冬临还没问什么事，就先把口头禅说了出去："有事儿您说话。"结果，科长问他跟铁路上的工作人员关系好不好，郭冬临不擅长拒绝别人，打肿脸充胖子，硬着头皮说铁路上的工作人员他都熟，科长直接说了一句："你弄几节车皮吧！"郭冬临一下子慌了，直接从凳子上翻了下来。明知道这事办不好，可是在科长问他有没有问题的时候，郭冬临还是硬着头皮说没问题。

科长正要走的时候，被郭的妻子拦了下来，她说了实话。可是科长根本不相信郭冬临自己主动去帮人排队搭钱买高价车票的事，妻子只好让他自己向科长承认。郭冬临本打算承认，但是拒绝的话怎么也说不出口，转而变成了："科长，这车皮的事……没问题。"送科长离开的时候，郭冬临还在说那句口头禅："科长，有事儿您说话。"

见妻子在一边沉默不言，郭冬临还上前问道："怎么了？有事儿您说话啊！"郭的妻子生气地教育他，但他还在自欺欺人，认为自己帮别人做事之后，地位有所提升。然后他起身，提着小凳子和铺盖卷又出门去火车站排队去了，告别观众的时候还是说了自己的口头禅："有事儿吗？有事儿您说话。"

在这则小品中，郭冬临所塑造的形象就是一个不会拒绝他人的老好人，好到为了让别人高看自己一眼，甚至丧失了原则和底线。生活中，很多人多多少少都能在郭冬临塑造的这一角色中找到点自己的影子，由于个人性格较为平和或要强的缘故，在面对他人的请求、尤其是同事和上司的请求时，很难说出拒绝的话。我们生活中的"老好人""便利贴女孩"等，都是由于不敢拒绝他人才给自己带来了额外的负担和心理压力。

在沟通中，不敢拒绝他人是一种心理障碍，那么，我们为什么不敢对他人说不呢？

第一种原因。在心理学上有一个词叫"被拒敏感"，即自己不会拒绝，也不能够自如地提出要求，又担心遭到他人拒绝的一种心理状态。很多人由于生活环境和成长经历中存在了过多的"不许××"，在这种情况下，人的思维和行为举止难免会受到限制，待人接物的态度也会在无形之中被制约。这种"不许××"的被控制经历会令人产生被拒绝的感觉，由此造成原始心理创伤，为了避免陷入被拒绝的创伤中，人们会害怕说"不"。

第二种原因。当我们对于某个对象产生严重的依赖心理之后，失去这一对象的焦虑也会随之出现。在爱情中，恋人的患得患失正说明了人们对于分离的焦虑。正如陈粒在《难解风情》中所唱的那样："我们都以为在坚持自我与讨好爱人之间有适用的规则。"实际上并没有这种规则，由于过于依赖和担心失去，我们会在很大程度上纵容所依赖对象的行为，所以很多时候不会加以拒绝。

第三种原因。在中国，由于受到儒家、道家、佛家思想的熏陶，我们在待人接物方面更注重礼仪和形象，轻易拒绝他人相对来说是一种较为失礼的表现，不符合我们与人为善的人际交往理念。

第四种原因。有时候，我们为了面子，为了获得别人的好感、重视、高评价等，会选择通过满足他人的需求来获得自我的价值感。特别是那些长期被忽视的人更容易产生自卑心理，迫切地渴望得到他人的重视，因此很少会去拒绝别人，时间长了，甚至会如同《有事儿您说话》的主人公那样丧失自己的原则和底线。

在日常生活中，拒绝他人是一件非常需要技巧和勇气的事，是人与人交往过程中必备的一种技能。很多时候，对于一些过分的要求，如果我们不敢予以拒绝，给我们带来的并不是他人的肯定，反而会给我们自己的生活带来很多麻烦，不仅会造成严重的心理压力，还会直接影响到人与人之间的关系。下面两个故事中的主人公就是很好的反面教材。

故事一：

小恒是一名大学生，也是一名摄影爱好者，他在学校参加了摄影社团，并和社团中几个成员建立了良好的人际关系。最近由于系里要举办运动会，小恒向一个平时关系不错的成员借了一台照相机，打算拍一些照片投在校报上展示运动员们的风采。

当天，小恒拿着照相机拍了半天，有些累了，便坐在旁边休息。这时同宿舍的男生小李凑了过来，要向他借照相机用，还指了指身后不远处等着照相的女同学。小恒顺着他的目光看过去，班上一群女孩子正满怀期待地看过来。

小恒想了想说："这个照相机不是我的，是我从别人那里借的。"小恒以为自己的意思已经说得很明白了，但是小李却说："现在照相机在你手里不就由你做主吗？你借我们用一下，等用完就还给你，绝不耽误你的事。"小恒还是觉得不妥当，可是他又不知道该怎么拒绝。小李是他同宿舍的兄弟，平时关系也不错，班上几个女同学也在旁边眼巴巴地盼望着，再加上小李在旁边软磨硬泡地一直劝说，小恒原本就不坚定的拒绝意愿也就越来越淡薄，最后还是点点头同意了。

可是小恒万万没有想到，不过一个下午的工夫，好好的照相机居然被摔坏了。小恒看着坏掉的照相机，气得说不出话，小李和几个女同学站在一旁满怀歉意。最后大家商量凑钱修相机，几个同学推脱责任不愿凑钱，还为此吵得不可开交，闹得大家不欢而散。虽然最后小李等人还是将相机修好了，但借给小恒相机的那个成员从那以后再也没有将相机外借给小恒，两个人的关系也不复当初了。

故事二：

小明是一个非常热爱劳动的学生，在学校轮到他做值日的时候，他总是非常尽心，窗户擦得干净，地拖得都能照出人来，黑板上也不会落下一点粉笔灰，所以每次他都得到老师的表扬。

有一次，同桌小刚因为有事需要提前回家，便拜托小明帮忙做值日。小明想了想，觉得没什么问题，便答应替小刚做值日。第二天，当其他同学知道了这件事之后，拜托他做值日的人就变得多了起来。刚开始，那些当天值日的同学还会留下来帮忙，后来发现小明做得更好，就直接把值日的任务全都拜托给小明。小明不知道怎么拒绝他人，只好承担了这份任务。因此，班上一半的学生都找他帮忙做值日。小明本来想拒绝，同学们却说："你都帮其他人做值日，为什么不帮我，你是对我有什么成见吗？"小明一听连忙解释，最后还是答应了同学的要求。

对此，同学们都说小明是一个善良热情的好人。从此以后，整个班级的值日都落到了小明的身上，由于长时间值日，小明的课后作业常常做不完，学习成绩也下降了。有一天，小明因为肚子疼实在没有办法帮忙做值日，便拒绝了同学的请求，这名同学难以置信地瞪大了眼睛说："想不到你居然是这么自私的人，连一点小忙都不肯帮，亏我们还把你当成好人。"第二天，全班同学都知道了小明的自私，看他的眼光也不像从前那么热情友好了。

好人做九十九件好事人们都会觉得理所当然，但只要做过一件坏事，别人就只会记得他做的坏事。老好人也是如此，不管你帮别人多少次，只要拒绝过他人一次，那么曾经乐于助人的好名声就会荡然无存。所以不敢拒绝他人、接受所有无理要求，对我们建立良好的人际关系是有害无利的。

在复杂的人际交往中，如果我们想要建立良好的人际关系、立足于社会，就必须端正自己的态度，学会适当地拒绝他人不合理的要求，这样才不必在与他人沟通的过程中自我妥协、委曲求全，才能避免因过度地讨好他人而丧失自己的底线，从而获得人际交往中最大限度的自由，减轻生活和工作上的压力与负担。

每个人在向他人提要求之前，其实内心已经有了两种最基本的预料结果，一种是对方愿意帮忙，一种是对方不愿意帮忙。既然两种结果都在预料之中，那么我们大可不必担心拒绝对方后会伤害到对方，从而失去一段友谊，更不必因为拒绝他人的不合理要求而感到内疚，敢于拒绝他人不合理的要求也是一种社交心理成熟的表现。不过，拒绝也是一门艺术，合理地说"不"才能最低限度地减少拒绝对彼此友谊造成的伤害。

在拒绝他人的时候，我们首先要调整自己的心态，不要过分在意他人的评价和肯定，也不要碍于情面走入不敢说"不"的人际交往误区。真正的朋友不会强人所难，真正的友谊也不会因为一次拒绝而破裂，一味地妥协只会让友谊向不健康的方向发展。所以该拒绝的时候，就要果断拒绝。与此同时，我们还要注意说话时的语气，简洁、真诚地将自己拒绝的原因告诉对方。如果自己无法答应，那么就不要给对方留有任何希望，这样才能够最大限度地避免误解的产生。采取委婉且带有歉意的语气和直截了当的拒绝方式，能够更明确地表明自己的态度，获得对方的理解和体谅。

抱怨的日常
——收起抱怨，不做负能量的传播者

随着科技的发展和社会的进步，人们的生活压力大大增加，在这样的背景之下，生活中爱抱怨的人也变得越来越多，甚至连我们自己都变成了一个满满的负能量发散器，无时无刻不在抱怨着生活中的各种不顺利，对任何一件不合自己心意的小事都能够大发牢骚。有的人抱怨着自己的怀才不遇，抱怨没有慧眼识珠的伯乐给自己一个施展个人才华的平台；有的人抱怨着自己的辛勤付出没有得到应有的回报，微薄的工资连养家糊口都难以做到；有的人则直接将自己的不幸归咎于社会的种种不公正，恶狠狠地咒骂着令自己不顺心的事情或是人，在遭遇挫折之后第一时间不是去反省自己的不足和错误，而是通过抱怨的方式急切地宣泄自己内心深处的负面情绪。久而久之，很多人就养成了爱抱怨的坏毛病。

美国著名的心灵导师威尔·鲍温曾经发起过一项"不抱怨运动"，他邀请每一位参加活动的人戴上一枚特制的紫色手环。要求参与者每抱怨一次就把手环换到另外一只手上，直到手环在同一只手上持续戴满二十一天。这项活动引起了人们极大的兴趣，一时间风靡世界，吸引了全世界八十个国家的六百万人踊跃参与。很多人表示自从带上这个手环之后，每次当他们想抱怨的时候会不由自主地看一眼手环，然后提醒自己不要随意发牢骚抱怨个不停。时间一长，他们发现自己的生活居然变得更加和谐和幸福了。

从这项运动中，威尔·鲍温发现人们抱怨的内容一般分为两种：一种是抱怨他人对自己的不公平，另外一种则是抱怨环境的不如意。此外，威尔·鲍温还分析了人们总是抱怨个不停的几个原因：

» 不合理的期待

很多人总是对其他人或事情有着过分的期待，当现状不能够令他们满足的时候，就会产生巨大的心理落差。有了落差之后，不去调整自己的想法，却坚持抱着不切实际的希望，就容易陷入"失望——期望——更加失望"的恶性循环之中，因此怨言不断。

» 情感表达不当

很多人会把抱怨看作表达情绪的一种方式。比如，老年人希望得到子女陪伴的时候，往往会用抱怨的方式来控诉子女的冷落，以表达自己的需要关怀之情，但抱怨的话一旦说出口就非常容易被误认为是一种指责，效果往往适得其反。

» 博取关注

当人们得不到想要的关注的时候就会产生抱怨，因为心理诉求没有被满足，所以才要通过这种方式来引起他人的注意和重视。举例来说：当妻子向丈夫抱怨家务的繁杂时，也许并不是想要丈夫帮忙，只是希望能够吸引丈夫的关注。

» 借抱怨逃脱责任

当人们在工作或是生活中遇到困难、尤其是出现较大的问题的时候，很多人会先向他人抱怨，以此来减轻自己的责任和负担。

» 缺乏自信和行动力

相比努力来说，抱怨是一件更轻松的事。我们可以发现，很多人在遭遇失败的时候，会抱怨自己的失误，但也只是抱怨而已，很少有自我反省的举动，不肯承认自己的缺点和失败，更不愿意做出改变，这样反而会让我们丧失自我发展和自我完善的机会，更会让我们难以走出失败的阴影、难以超越失败的自己。

» 出于炫耀的心理

当我们抱怨其他人的时候，其实内心有一种隐隐的自豪感，因为别人有这样或那样的缺点，而我们没有，这就是我们的优势。所以在这个基础上去批评指责他人，能够让我们感受到自身的强大，也更容易表现出自身的优秀和出众。

» 控制欲作祟

很多人都会犯这样一个错误，当他想达成某个目的而没能够得偿所愿的时候，往往会抱怨个不停。这一点在很多父母身上都会出现，当孩子没有如父母所愿考出优异的成绩时，父母就会喋喋不休，这其实是对于现状不满而又无可奈何的情况下做出的一种反击。

» 希望获得他人的同情和帮助

这种抱怨也随处可见，在办公室中，当同事向我们抱怨工作的繁重时，潜意识中是希望通过这种方式来获得他人的同情，进而得到他人的帮助。

» 习惯性抱怨

很多人在抱怨的时候，其实根本就没有意识到自己的这种行为是抱怨，而是习惯性地发牢骚。比如，走上街头时，抱怨天气不好、抱怨堵车严重、抱怨卫生条件差等。当发牢骚成为司空见惯的行为，抱怨的习惯也就形成了。

在人们抱怨的时候，潜意识中会认为抱怨这种方式可以改变身边的人或者既定的事实，但实际上这种想法是完全错误的，这只会让我们和原先的目标背道而驰，越走越远。有些情况下，当我们向他人抱怨的时候可能会暂时获得他人的同情和帮助，却往往会让我们欠上一笔人情债，甚至在无形间失去一些更为珍贵的品质。因此，抱怨并不能如我们所想的那样改变既定的事实，反倒还会令事情变得更加糟糕。

张先生是一家外贸公司的业务员，正值公司盈利旺季，老板三番五次要求各组成员加班。好不容易到了下班的时候，老板又走出办公室要求职员加班，张先生和其他职员愤怒地坐回了自己的位置，但是内心始终排斥这种频繁的加班行为。所以张先生开始向身边的同事小李抱怨道："老是加班，这个月都加班五回了，也不想想别人家里有没有老婆、孩子要陪，这简直是不遗余力地榨干劳动人民的剩余价值！"周围的同事也对加班不满，所以听到张先生的话都连声附和，一时间抱怨之声不断。

这时老板从办公室走出来把张先生叫进办公室谈话，原来张先生的抱怨一字不漏地被老板听了去。平时张先生在公司就喜欢抱怨，这已经给老板留下了负面印象，而这次又是张先生带头抱怨，老板对他的不满已经到了临界点。对于张先生消极抵抗的态度，老板给予了严厉的批评。张先生不服气，两个人争吵了起来，老板有意杀鸡儆猴，直接辞退了张先生。

好好的一份工作，就这样被几句抱怨给毁掉了，不得不说是一件非常不幸的事。抱怨并不能够改变现状，即便工作上有再多的问题和不满，也应该把精力放在处理问题上，有抱怨的空闲，倒不如做好手上的工作。显然，张先生想不明白这个道理。

当我们抱怨的时候，往往还会错过更重要的东西。佛教有这样一则故事：

山上有一所佛寺，佛寺里边住着两个和尚，老和尚心态平和，小和尚却总是喜欢抱怨。

老和尚带着小和尚下山化缘，小和尚会抱怨山路不好走；路过其他寺庙的时候，小和尚会羡慕地看上两眼，然后抱怨自己所在的寺庙香火不够旺盛，寺庙建的地理位置不好，香客也寥寥无几；遇到没有布施的百姓，小和尚会埋怨这些人不够善良。老和尚听完小和尚的话，只是笑笑，没说什么。

回到寺庙中，老和尚用化缘来的粮食做了一顿饭。吃饭的时候，小和尚还在抱怨寺庙中央那棵树总是落叶，不好打理。老和尚问道："今天饭菜的味道怎么样？"小和尚说："我只顾着说话没注意。"老和尚给小和尚夹了一筷子菜，让他再尝一尝，小和尚虽然有些不明，但还是听话地品尝了菜肴，小和尚这才发现今天的菜味道格外好，便追问老和尚今天的菜为什么和平时不同。老和尚笑着说："并没有什么不同，只是平时你只顾着抱怨寺庙这不好那不好，没留心菜的味道。"闻言小和尚羞愧得满脸通红。

小和尚明白了老和尚话里的意思：当他不停地抱怨的时候，其实已经错过了很多生活中的美好。抱怨的确能够毁掉我们自身的愉悦心情，有时候抱怨还会招来更多的抱怨，如病毒一般传播蔓延。

张颖是一个非常开朗的姑娘，性情豪爽的她喜欢交朋友，能很快和陌生人打成一片，大大咧咧开得起玩笑的性格也让她成了朋友中的开心果，不过最近"开心果"张颖却遇到了一点小麻烦。

周末，张颖把朋友小雯约出来逛街。不知道小雯是对自己不满还是其他什么缘故，整整一天，小雯都在抱怨。一见面的时候，小雯就略带责备地说："你应该早点给我打电话的，你不知道周末坐车有多费劲，我们小区附近正在修路，挤个车跟打仗似的。"相处的时间长了，张颖知道了小雯的脾气，连忙请她喝冷饮解暑降温。两个人在步行街逛了一会儿，实在没找到几件合心意的衣服，炎热的太阳烤得人头晕眼花，大汗淋漓的小雯没好气地说："你可真会挑时间买衣服，太阳都能把人给烤化了，你就不能快点吗？"眼见张颖又进了一家店，小雯更生气了，说道："你眼光怎么那么挑剔呀，赶紧买完找地方吹空调。"

眼见小雯热得满头汗，张颖心里觉得三伏天叫朋友出来逛街的确有些不厚道，便提议等下午不热了再去买，现在去看电影，小雯点点头同意了。两个人平时都不怎么关注影视讯息，也不知道什么电影比较好看，张颖便自作主张挑了一部最近热映的电影，虽然电影的内容还勉强看得下去，但这次的观影体验实在非常糟糕。看电影的时候，后排有一个小孩子一直在电影院里闹脾气，又哭又闹，吵得其他人没法看。偏偏孩子的父母都是"意志坚定"的人，随口哄了哄孩子，眼见孩子还是哭个不停，索性把孩子丢到一边不管了，任凭周围的人怎么抱怨，就是不带着孩子离开电影院，甚至还跟其他观众吵了起来。

张颖她们实在看不下去，电影演了不到一半两人便出了电影院，本来就不太高兴的小雯脸色更黑了，大声抱怨道："这都什么素质啊，那一家人真是有毛病，孩子哭得震天响，别人电影都看不下去了，他们还风雨不动安如山，真是没有一点公德心。"张颖也深有同感，但又不好将抱怨说出口，便附和着笑了笑。谁知道小雯竟然把矛头对准了张颖："你还笑，这有什么好笑的，你看看你选的什么破电影！一天过去一半了，没一件事情顺心的，真是烦死了。"

张颖听了心里也非常委屈，明明是小雯让她选的，怎么没选好倒还怪起自己了呢。但是考虑到是自己把小雯叫出来逛街的，张颖便忍下来心中的委屈，带着小雯找饭店吃饭。没想到吃个饭也被小雯抱怨，饭店空调不够凉快、吃饭的人太多、上菜速度太慢等。短短的半个小时，小雯就跟倒豆子一般抱怨了一大堆。好不容易吃完饭，张颖也被小雯的满腔抱怨弄得没了逛街的心思，两个人简单告别之后各回各家了。

张颖回家之后，看到宅在家里的男朋友忍不住凑上去狠狠地拧了男朋友一下，边拧还边埋怨道："都怪你，要不是你不肯陪我逛街，我也不会花钱买气受了。"张颖的男朋友一脸委屈："我不是早就跟你说今天上午有事不能陪你吗？你早上还没生气呢，怎么出门一趟就学会埋怨人了？"

张颖一听也非常惊讶，要不是男朋友提醒她自己都没有发现，她居然从小雯那儿学会了抱怨，还把怨气撒到无辜的人身上了。张颖连忙道歉，在男友的询问下，她把今天的经历细细地讲述了一遍。最后两人一致认为：要想生活得更幸福，首先就要离那些爱抱怨的人远一点，否则自己的好心情也会被破坏掉。

由此可见，人的大脑很容易对喜怒哀乐这些情绪产生共鸣，喜欢抱怨的人，不但会将自己的生活弄得一团糟，还会给他人带来众多消极、负面的情绪和莫大的压力，进而影响到他人的生活。美国斯坦福大学医学院教授罗伯特·萨波尔斯基研究表明：人们总是抱怨的话，会强化消极思维，对人的心理产生不良的影响，当人们听其他人抱怨超过半个小时，就会直接阻断神经元联系，加速脑细胞的死亡，认知功能也会逐渐衰退。抱怨所带来的更直观的影响则是心理伤害，当我们向他人抱怨的时候，也许我们说出口的话是无心之言，但说者无心、听者有意，我们的批评和指责往往会在不经意间给他人造成严重的伤害，这是很难弥补的，对于维护良好的人际关系来说也毫无益处。

所以我们应该看清楚抱怨带来的后果，改掉爱抱怨的毛病。自知者不怨人，知命者不怨天，以更加正常、健康的语言方式与他人沟通，才能够更轻松便捷地实现我们的目的，让我们的精神状态更加积极乐观、心理状态更加健康。

幽默沟通——情商迸发的魔法

　　幽默可以带来欢乐与和谐，是亲和力的形象大使，是人际关系中的除了微笑之外的另一种润滑剂，能够让沟通这架桥梁更为稳固，能够帮助我们获得更多的理解和支持、更快地被他人所接纳，能够让我们以更和谐的方式融入社会。

幽默——亲和力的形象大使

说起幽默，可能每个人都不陌生，我们生活中也经常用这样的词形容他人，比如"你可真幽默""他是一个非常幽默的人"等。用归用，但幽默具体指的是什么呢？法国作家罗贝尔·埃斯卡皮在《论幽默》中说："真理是这个家族的始祖，它孕育了常识。常识又孕育了机智，后者娶了一位旁系女子，名叫快乐，两人产下一子，叫作幽默。"埃斯卡皮把幽默的来源解释得非常贴切，幽默的确是机智和快乐的产物。中国现代著名学者、文学家、语言学家林语堂先生曾经专门写过一篇文章来讨论幽默，他说："凡善于幽默的人，其谐趣必愈幽隐；而善于鉴赏幽默的人，其欣赏尤在于内心静默的理会，大有不可与外人道之滋味。与粗鄙的笑话不同，幽默愈幽愈默而愈妙。"

现代社会，由于生活节奏加快，人们的压力逐渐变大，就连苦中作乐都很难实现，更多的人仿佛丧失了幽默这个技能，日复一日地沉浸在繁杂的工作和单一的生活之中，这对于我们的人际交往来说是非常不利的。鲁特克先生在《幽默人生》一书中曾说过这样一段话："在人生的各种际遇中，幽默是人际关系的润滑剂。它以善意的微笑代替抱怨，避免争吵，使你与他人的关系变得更有意义；

它能帮助你把许多不可能变为可能；它比笑更有深度，它产生的效果远胜于咧嘴一笑。"心理学家也认为，幽默是一种充满了情趣的人类另类智慧、另类高级精神活动的产物，幽默是人与人交往中的一种充满了感染力和普遍传达意义的交际艺术，它能够引发他人喜悦的情绪，帮助人们享受到精神上的放松，营造良好的对话气氛，用强烈的亲和力有效地拉近人与人之间的距离，建立起和谐的人际关系。我们在生活中常常喜欢和那些具有幽默感的人进行交流，正是因为这个原因。

可见，在这个需要沟通的社会，幽默所起到的作用是我们无法忽视的。虽然我们在生活中不必做一个幽默家，但懂得欣赏幽默，而且适当地制造幽默也是一种机敏和智慧的表现。诙谐、幽默、风趣是人们在社交场合穿的最具有亲和力的服饰。

林肯总统处理事务善于使用幽默，他曾经和另外一个国家的总统在自己家会面。在这次会面中，林肯总统充分发挥了自己的幽默。两个人还没有来得及握手的时候，林肯就亲切地寒暄道："啊，原来我的个子还没有你高呢！当总统的感觉怎么样啊？"那位总统显然没有适应林肯的这种自来熟，有些拘谨地问道："你觉得呢？"林肯正色道："感觉还不错，就像吃了火药一样，老是想放炮。"闻言，另外一位总统忍俊不禁，两个人的距离瞬间拉近了，这对两个人后边要谈的内容是非常有助益的。

地位相当的人在交流沟通时需要拉近心理上的陌生距离，地位有差异的人之间更需要相互磨合。如果仔细观察我们会发现，管理者在和下属沟通的时候，两人之间是存在一定差异的，这也就加深了沟通的难度，而幽默恰巧是消除这种差异、拉近彼此距离的最有效方法。一个优秀的管理者不妨尝试着披上幽默的外衣，以诙谐风趣的方式让自己在员工心目中的形象更为具体和充满人情味一点，无疑会如虎添翼地助力事业发展。

一家企业空降了一位董事长过来，基本上每个企业的"空降兵"都会遭遇和下属之间关系疏远、不融洽的问题。这位公司的董事长非常聪明，详细地了解了公司的情况之后就制订了相应的工作计划，热火朝天地干了起来，虽然业绩明显有所提升，但公司里依然有员工对他非常反感。

有一次公司举行聚餐，那个对他尤其反感的员工直白且充满攻击性地问道："先生，你表现得这么得意扬扬是不是因为当了公司的董事长啊。"这个董事长听完愣了愣，然后笑着说："当然不是了，虽然我当上了董事长也非常得意，但没有当董事长之前最想干的一件事就是亲吻董事长夫人。现在我终于美梦成真，吻了董事长夫人，怎么能够不得意呢！"员工们听完哈哈大笑，顿时明白了这位新董事长的幽默和大度。就连那位向他发难的员工也不再跟他针锋相对，而是听从他的调派，公司上下齐心协力把原先惨不忍睹的业绩翻了一番。

　　这位新董事长不仅表达了自己宽容的态度，还展现了自己的幽默感，拉近了与陌生员工之间的距离，为自己取得了公司众多员工的认同和支持，简直是一举三得的好事。

　　所以说，幽默可以带来欢乐与和谐，是亲和力的形象大使，是人际关系中的除了微笑之外的另一种润滑剂，能够让沟通这架桥梁更为稳固，能够帮助我们获得更多的理解和支持、更快地被他人所接纳，能够让我们以更和谐的方式融入社会。幽默更是人们走向成功的法宝，当我们善用幽默这一利器时，我们通往成功的路途无疑会更加坦荡。

不止引人发笑——小幽默有大智慧

善于利用幽默这种一本万利的资源，不仅会让我们的人际关系建立得更为便捷，它还具有多种有益身心的功能和智慧：幽默能让我们的心情变好、心态更加积极健康，能让我们于尴尬、矛盾、危机中以机敏的智慧将负面情绪统统化为无形，令生活变得趣味非凡，从而促进沟通的高效和高质；它还能让我们的身体变好，让人感到轻松愉悦的同时可以舒缓神经，驱散沟通中的疲劳感，有效地提高人们大脑和整个神经系统的张力，当我们用一颗开朗乐观的心去滋养身体的时候，必然能过上淡定自如、健康安稳的生活。

在现代社会，幽默已经成了人际交往中不可或缺的关键因素，一点点幽默便能够帮助我们化解尴尬的气氛，给自己找个很好的台阶下。

美国的总统罗纳德·里根有一次在白宫发表演讲，众目睽睽之下，在主席台上安坐的第一夫人南希不知道出于什么原因竟然连人带椅子摔倒在地上。南希反应非常迅速，她立刻从地上站了起来，但此时大家都已经被这场突发的意外吸引了注意力，很多人都看到了这一幕。第一夫人竟然在众人面前摔倒了，这多丢人啊！南希正尴尬得不知道怎么圆场好的时候，里根总统转过头确认南希没有摔伤之后说道："亲爱的，你怎么没按照我们的约定来呢？我们不是说好的，当我的演讲没有任何人鼓掌的时候，才来这一手吗？你怎么现在就使出来了？"众人一听，被里根总统的幽默逗得哈哈大笑，一边笑还一边鼓掌，大家都被里根总统的高情商所折服。

英国首相威尔森在进行竞选的时候，曾经遇到一个故意闹场的人，他大声喊着"狗屎、垃圾"而打断了威尔森的演讲。打断别人发言是非常不礼貌的，而捣乱者所使用的两个词汇也充满了侮辱性，换作平常人，可能当场就怒发冲冠地回骂了。但威尔森没有像普通人那样大声回骂，他保持了良好的风度，对着捣乱者非常有礼貌地笑了笑说："这位先生，你先不要着急，我马上就提到你所说的环境脏、乱、差的问题了。"他平静的回答让捣乱者愣住了，一时间不知道如何应对。威尔森顺水推舟的小幽默一举摆脱了尴尬的境况。

周恩来总理是公认的语言大师，他风趣幽默的语言魅力令很多人叹服。凡是那些和周恩来交谈过的人，无不称赞周总理的幽默和机智。

二十世纪五十年代初，周恩来总理作为中国外交第一人，在中南海的勤政殿设宴招待外宾。中国的美食花样繁多、风味迷人，许多外宾吃了赞不绝口。就在宾主尽欢的时候，服务员送上来一道汤菜，汤里边的食材非常丰富，有冬笋、蘑菇、红菜、荸荠等，它们都被雕刻成了各种各样的图案，称得上是色香味俱全。

但在客人准备大快朵颐的时候，他们突然发现一个按照民族图案雕刻出来的冬笋片，在汤里翻过身来居然恰巧变成了法西斯的标志。外宾们一看吓得大惊失色，反法西斯战争结束了没多久，和平来之不易，这时候突然出来个法西斯标志是什么意思啊？

外宾们一个个看向周总理，周总理显然也没有意识到会发生这种情况，但他并没有表现出来，看上去仍然是一副泰然自若、毫不意外的样子，对着外宾解释道："这并不是法西斯的标志，而是我们中国传统的一个图案，念作'万'，意喻福寿绵长，这是我们对客人由衷的祝福。"外宾这才稍稍放下了心，周总理随即说道："就算这是法西斯的标志也没什么关系嘛！来来来，大家一起消灭法西斯，我们动筷子把它吃掉。"

在座的外宾都被周总理的风趣和幽默感染，方才紧张的气氛顿时荡然无存，大家你一口我一口喝光了这道"特别有趣"的汤，餐桌上一片其乐融融的祥和气氛。

日常生活中，我们也可以像里根总统、威尔森首相和周恩来总理这样，运用幽默的方式来有效地化解尴尬的氛围。

一个年轻的小伙子搭乘火车，他的对面坐了一个漂亮的女孩。到了吃饭的时候，女孩从包里掏出了一盒碗面，拆开包装之后拿去茶水间泡面。回来的时候不小心将茶水洒在了小伙子的衣服上，女孩非常愧疚，她一边道歉，一边手忙脚乱地找纸巾要给小伙子擦衣服。

小伙子也是明事理、大度的人，看到女孩手足无措，也没好再责怪她。但是女孩见这小伙子一直不说话，以为对方在生气，吓得一直低着头道歉，差点要哭出来了。小伙子见状索性发话了："姑娘，我看你这不是打算泡面，你这是打算泡我啊！"一句话引得旁边的乘客哈哈大笑，姑娘也满脸通红，不过她也知道了这个好心的男孩并没有生气，也没有责怪自己的意思，还非常善良地化解了自己的尴尬，心里非常感激。

有时候恰如其分的幽默还能够起到婉拒他人的作用，既不让对方感到难堪，又不伤害彼此的感情，还能够更加巧妙地达到自己的目的。

长沙马王堆的汉墓被发掘之后，里边的不腐女尸引起了全世界的轰动。这具在地下埋藏两千一百多年之久的女尸，出土的时候竟然没有化作累累白骨，而是仍然结构完整，全身润泽，皮下脂肪丰富，软组织尚有弹性，这确实令世人感到不可思议。

基辛格为恢复中美外交关系秘密访华时，在开始正式会谈之前，他曾向周总理提出了一个要求，基辛格说："总理阁下，贵国的马王堆一号汉墓的发掘成果让全世界震惊，那具不腐女尸的确是这个世界上少有的珍宝。我这次来，还受到了我们国家科学界知名人士的委托，我们想用地球上没有的物质来换取马王堆一号女尸周围的木炭，不知道贵国是否愿意？"周总理听完问道："国务卿阁下，不知道贵国政府打算拿什么来交换呢？"基辛格说："月土，我国的宇宙飞船从月球上带回来的泥土，这应该是地球上没有的东西吧！"

周恩来听完笑道："我还以为是什么呢，原来是我们老祖宗脚下的东西。"基辛格听他这么说非常吃惊地追问道："怎么？难道贵国早已经有人登上了月球吗？这是什么时候的事？为什么没有看到你们政府公布呢？"

周总理面带微笑抬手指向茶几上一尊嫦娥奔月的牙雕说道："我们怎么没公布？早在五千多年前，我们就有一位叫嫦娥的祖先飞到了月亮上，还在月球上建了一座广寒宫，并定居在那里。我们也正要派人去看她呢。这在我们国家可是妇孺皆知的事情，怎么你这个'中国通'竟然不知道吗？"

周总理的回答机智中不乏幽默，让基辛格从中了解了周总理的态度，他也不再勉强。

这件事情便这样一笑而过了，既免去了拒绝的尴尬，又不破坏彼此的关系，幽默在其中起到的作用可想而知。

幽默不仅能够带给我们欢乐与和谐，还有着治病的奇效，是一种养生保健的大智慧。俗话说："笑一笑，十年少，愁一愁，白了头。"说的就是这个理儿。

　　清朝的时候，河南有一位八府巡按大人，这个大人不知是在官场受人排挤，还是生活不如意，患上了精神忧郁症，每天都闷闷不乐，一副了无生趣的样子。他的家人看他总是郁郁寡欢，就专门找了一位名声显赫的名医为他看病。

　　这个有着"华佗在世"之称的医生一本正经地为八府巡按大人切了脉，然后言之凿凿地说："启禀大人，经过我的诊断，我发现您患的是月经不调之症。"八府巡按大人一听顿时哈哈大笑，一边笑一边想："还说是华佗在世的神医呢？我看就是个糊涂蛋，连病人是男是女都分不清，这月经不调之症岂是男子能患的！"他也不让这个糊涂蛋开药方了，派人把诊金给他，就把他打发了出去。

　　但是从此之后，八府巡按时不时就总会想起这个糊涂蛋郑重其事地对他说"您患的是月经不调之症"的样子，每次想起来都要哈哈哈地乐上一番，再也没有了从前那副半死不活的倒霉相。府上的人都说神医果然名不虚传，真把大人的病给治好了。这时候，八府巡按大人才恍然大悟，明白了名医以幽默来为他治病的良苦用心。

　　幽默往往伴随着欢笑，而人在欢笑的时候，脑垂体可以分泌出内啡肽物质，这种物质具有有效缓解疼痛的作用，所以对于阵痛、消炎有着一定的疗效。幽默风趣还能够治疗失眠，导致我们失眠的大多数情况都是因为心里有事压着、不开心，倘若能够被他人的幽默之语逗得笑出来，也能够暂时缓解压力，对人的精神和身体健康都有着良好的促进作用。

　　调查研究显示，幽默还有着延年益寿的神奇作用。在位于亚平宁半岛的意大利，五千七百万人口中有九百万人年龄在七十五岁以上，平均三万人中就有一个百岁老寿星。这里的居民有一个共同特点，那就是他们都乐观开朗、幽默风趣、胸怀坦荡。虽然有时候他们也会辩论某些问题，但很少伤害到彼此的感情，因为他们都非常擅长用幽默风趣的话语来冲淡剑拔弩张的气氛，减少言语带来的刺激。

自嘲法——幽默之最高境界

与他人沟通是否顺畅，跟人的情商有着莫大的关系。而幽默是人生的一剂调味品，是人际交往中的必备资源，是一个人学识、智慧、才华、灵感在语言上的一种表现方式，是人类情感的自然流露。

幽默一直以来都被人们称为只有聪明人才能驾驭的语言艺术，而自嘲又被称为幽默的最高境界。开别人的玩笑容易，开自己的玩笑或许有点难度，很多人有时更在意面子问题。但在面对尴尬的处境和粗陋的言行时，如果我们选择沉默，反而会被认为是懦弱的表现，但如果我们用幽默的语言来自我嘲讽一下，那就不仅能够迅速化解敌意、帮助自己度过尴尬的时刻，还能够打破僵持沉闷的气氛、营造和谐欢乐的环境。

传说在古时候有一个姓石的学士，有一年冬天，他骑着驴走在闹市上，由于闹市上行人太多，加上雪天路滑，驴子一个趔趄，石学士就从驴背上滚了下来，"扑通"一声摔倒在雪地里。这时众人都看着摔倒的石学士，石学士可是斯文人呢，从驴背上摔下来倒在地上也太丢脸了，他赶忙手脚并用地从地上爬起来，赶在别人发笑前感慨了一声："幸好我是石学士，我要是瓦学士岂不是摔成碎片了。"众人一听顿时明白了石学士这句妙语，乐得哈哈大笑。石学士则拍拍身上的雪，在众人善意的笑声中牵着驴走了。

一个小小的自嘲免去了被他人幸灾乐祸的尴尬和难堪，这笔买卖做得还是非常划算的。

美国前总统克林顿也曾因为出轨莱温斯基小姐的丑闻而被媒体记者围攻，有记者问道："总统先生，请问您对于媒体所报道的你和莱温斯基小姐之间的绯闻有什么样的看法呢？"克林顿早被这些媒体记者弄得不胜其烦，但他没有表现出来，因为他知道，一旦他表现出一丁点的抵触情绪，或者直白地拒绝回答记者的问题，那么在场的媒体必然会纷纷出言诘责，让自己陷入更加被动和危险的境地。所以，他从容不迫地回答道："取笑我的话早就已经被世人给说尽了，再也没人能够说出新鲜的了。"

克林顿无疑把记者抛出来的皮球又重新踢还给记者，时机掌握得恰到好处，分寸又拿捏得十分到位，这句话的画外音是："我能有什么看法，你们要是有本事就说出点新鲜的花样，我洗耳恭听就是了。"一句简简单单的话，却包含了自嘲与反讽、圆润与尖刻这几种截然相反的因素，不得不说克林顿的反应非常迅速，反击也十分聪明。虽然顺着记者的思路自嘲了一番，但也化解了尴尬的窘境，同时也抓住了媒体的弱点反守为攻，让场上本来迫不及待提问的记者们顿时防备不及、集体失声，不知如何应对，这就是自嘲法的妙用。

同样善于利用自嘲化解尴尬和敌意的还有美国的林肯总统。

众所周知，林肯总统的容貌非常难看，眼睛不大，脸却出奇的长，看上去颇为怪异。这本来可以算作人际交往中的一个障碍了，但林肯却把自己的容貌发挥出了特殊作用。有一次林肯在演讲的过程中，台下突然有一位参议员站出来厉声指责道："你是个两面派！"原来这个参议员是林肯的政敌，为的就是要让林肯下不来台。

林肯没有生气，也没有和这个参议员针锋相对地讨论自己是不是个两面派的问题，他扫视了一下会场，然后开口说道："你说我是两面派，那我就请在座的各位帮我评评理，如果我真的还有另外一副面孔的话，我还会把这样一张不堪入目的面孔带到会场之中吗？"林肯话音刚落，会场中就爆发了一阵会心的笑声，还有人给林肯鼓掌加油。一场争端就这样被林肯的自嘲消弭于无形，显然这种自嘲性的自我保护比正面还击还要更高一筹。

在演讲中，用自嘲来做开场白，不仅能够快速地抓住观众的注意力，还能够给人留下更为深刻的印象，总是更容易被他人所接受。

一位教授参加一场演讲，不巧的是，这位教授是个秃头，他上去做自我介绍的时候说道："我有一个朋友说我是聪明透顶，我笑着回答他说：'你太小看我了，我这哪里是聪明透顶啊，我分明已经聪明绝顶了。'"场上顿时爆发出一阵阵笑声，然后大家都聚精会神地盯着这个幽默的教授，想听听他还能说出什么有意思的理论。在一片积极活跃的氛围中，教授成功地完成了这次演讲，并受到了观众的喜爱。

懂得自嘲的人是聪明的人，因为他们知道用自嘲的方法来保护自己，甚至学着用自嘲来换取某些利益，这是一种非常明智的做法。在快节奏的社会生活中，多一点自嘲精神，多一点幽默感，能够让我们换一个新鲜有趣的角度看世界，能让我们以更轻松的方式面对生活、点缀乏味的生活。

说笑话不是乱说话——幽默时的尺度

在生活中与朋友相处的时候，我们难免会开一些无伤大雅的玩笑，来缓和气氛和密切彼此之间的关系。善于开玩笑的人懂得通过幽默给自己增添个人魅力，也懂得把握好对象、分寸和尺度，而不善于开玩笑的人却常常弄巧成拙，反倒失了魅力、丢了脸面。

北宋著名的文学家苏东坡就是一个非常有幽默感的人，常常和朋友开玩笑。有一次，苏东坡和好友佛印和尚一道参禅，打坐结束后，苏轼一时兴起，问佛印道："你看我打坐时像什么？"佛印笑着说："我看你像一尊佛。"苏东坡听完之后非常高兴，对佛印说："你可知道我看你打坐像什么吗？"佛印摇头示意不知。苏东坡看着佛印身着黄色袈裟，开玩笑道："我看你像一坨牛粪。"佛印听完也不生气，只是笑笑。

让佛印吃了个哑巴亏后，苏东坡神清气爽地回到家中，见到苏小妹不由地炫耀起来。苏小妹啼笑皆非，说道："哥哥，以你的悟性还是不要去打坐参禅了。参禅之人最讲究的是什么？是见心见性，心中所有即眼中所见。佛印说你像尊佛，说明他心中有一尊佛；你说佛印像牛粪，那你心中有什么不言自明了吧！难怪佛印不与你争辩！"

　　苏东坡不仅喜欢和朋友开玩笑，就是和苏小妹相处，他也能拿妹妹的相貌打趣。有一天，苏小妹来找苏东坡，还没有走进门，苏东坡就听到了苏小妹的声音，他吟道："未出堂前三五步，额头先到画堂前；几回拭泪深难到，留得汪汪两道泉。"苏小妹生来凸额凹眼，苏东坡这首诗正是拿她这一外貌特征开玩笑。

　　女孩子本来就害怕别人拿自己长相的弱点开玩笑，但这次苏小妹听完也不生气，她也是才思敏捷的人，走进门之后，立刻开口说道："一丛衰草出唇间，须发连鬓耳杳然；口角几回无觅处，忽闻毛里有声传。"意思就是讥笑苏东坡那一脸疏于打理乱蓬蓬的络腮胡，但是相比苏东坡的调侃，苏小妹又觉得自己没有抓住要领，她仔细观察了苏东坡的长相，又吟了一首诗："天平地阔路三千，遥望双眉云汉间；去年一滴相思泪，至今未到耳腮边。"原来，苏小妹是抓住了苏东坡额头扁平、两眼相距甚远、脸又长得像马脸一样、五官搭配比例严重失调的特点讥讽。苏东坡听完乐得哈哈大笑。

　　苏东坡兄妹俩都是豁达宽广之人，两个人一起生活多年，相知甚深，知道对方是在开玩笑，即便是拿彼此的相貌戏谑，也可以一笑置之，不会放在心上。但有些时候，玩笑却不可以乱开，因为人和人之间的成长经历不同、性格特点也不相同。有的人性格热情活泼、豁达开朗；有的人则是生性严肃、谨小慎微。在和不同性格的人交流的时候，开玩笑也要注意分寸和场合。

　　春秋时期，晋国大夫郤克、鲁国大夫季孙行父、卫国大夫孙良夫和曹国大夫公子首四人一同出使齐国。非常有趣的是，郤克的一只眼睛瞎掉了，而季孙行父是个秃子，孙良夫是个跛子，公子首是个驼背，四个身有残疾的使者聚在一起，就显得有些微妙了。齐顷公见到四个使者之后，觉得十分好笑，但要顾及一国之君的身份，不便明目张胆地笑出声，就暗地偷笑。这种事情齐顷公自己偷偷笑也就罢了，坏就坏在他拉着母亲一起来笑，这便引发了祸端。

　　原来齐顷公生性至孝，他的父亲齐惠公去世之后，他的母亲一直沉溺于悲伤中无法自拔，齐顷公为了让母亲高兴点，经常把从外边听到的笑话说给母亲，他的母亲听到后果然心情有所改善。这次他一看到四个各患残疾的使者，立刻就想要和母亲分享这一趣事。他的母亲知道后果然心生好奇，想亲眼看看这四位"有趣"的使者。

　　次日，齐顷公在宫中举行家宴，并邀请了四个使者赴宴。为了增加趣味性，齐顷公还专门找来四个和使者有着同样残疾的人分别为他们御马。齐顷公的母亲在阁楼上远远看见不由得笑出声来，尤其看到郤克跛行登上台阶这一幕的时候更是笑得前仰后合，就连身边随侍的仆人们也笑作一团。

　　使者们不明白其中的缘由，知道真相之后，他们怒不可遏。四人作为一国使者代表了各自的国家前来齐国进行友好访问，而齐顷公堂堂一国之君竟然拿他们身上的残疾取乐，这简直不可饶恕。四位使者拂袖而去，郤克发誓道："不报复这次耻辱，我就不渡过黄河！"其他三位使者也和郤克约定好联合攻打齐国。

四位使者能够出使齐国，本就说明他们是在国君身边极受宠幸的人物，回国之后，他们分别在国君面前告状，唆使国君出兵攻打齐国。尤其是郤克，执政之后更是致力于洗雪前耻，他联合鲁国、卫国、曹国四国齐心协力攻打齐国。在他们的共同努力之下，齐国的军队大败，齐顷公不得不割地献宝求和。

齐顷公的孝心虽然值得称赞，但一个恶意的玩笑却引发了一场战争，甚至差点导致国家灭亡，这不得不让人警惕。有幽默感固然重要，但有的时候，玩笑不能乱开。当然，这也并不是说我们平时三缄其口、死气沉沉就会少说少错，只要我们注意掌握分寸和尺度、避开踏入幽默的禁忌区，就能够正确发挥玩笑的妙用，在人际沟通中做到处处逢缘、游刃有余、挥洒自如。那么，开玩笑有哪些禁忌呢？

» 不要拿他人的缺点和不足作为开玩笑的槽点

在和他人相处的时候，随着相处时间的增长，我们对他人身上的优势和短板的了解也会逐渐加深。每个人身上都有缺点，像齐顷公一样拿他人的生理缺陷来开玩笑，把自己的快乐建立在他人的痛苦之上的做法是非常恶劣和不可取的。如果我们和对方的关系并没有想象中得那么坚不可摧，当我们随意拿对方的不足来开玩笑的时候，往往会伤害到他人的自尊心。即便我们苦口婆心地加以解释，也很难消除一个恶意玩笑对他人造成的伤害。开玩笑应该在尊重他人的基础上，这样才能够有效地避免玩笑低俗化。

» 捉弄他人不等于开玩笑

很多人喜欢捉弄他人，看他人出糗来娱乐大众，甚至有人将捉弄他人列入开玩笑的范畴之内。但事实上，开玩笑有两个基本准则，一个是尊重他人，另外一个是令他人感到轻松。捉弄他人既非出于对他人的尊重，也不能够令对方感到轻松愉悦，还极有可能给他人带来生命危险。这样的例子并不少见，国外的一个女生戴上恐怖面具捉弄自己的闺密，结果她的闺密真的被吓到了，闺密尖叫着冲出家门，跑到街上的一瞬间被疾驰的汽车撞飞，一场祸事就此酿下，这名女生为自己的恶作剧追悔莫及。所以，我们一定要分清楚捉弄他人和开玩笑两者的区别，以免伤及彼此之间的感情。

» 不要开不合时宜的玩笑

我们在开玩笑的时候也要注意他人的情绪和环境，当他人遭遇挫折、非常需要关心和安慰的情况下，我们还拿对方开玩笑的话，再宽容大度的人也难免会心怀芥蒂，觉得我们是在幸灾乐祸，往他人伤口上撒盐。所以开玩笑的时候也要注意时机，如果我们无意间的玩笑伤害到了他人，那么诚恳的道歉是必不可少的，及时的补救能够有效地弥补我们的无心之失。

» 不要和异性开过分的玩笑

在和异性沟通的时候，尤其要注意开玩笑的尺度。有的人认为在和异性聊天的时候，对异性开黄腔、讲有色笑话是一件非常有幽默感的事情，事实上，这极有可能让对方感觉到开黄腔的人素质教养低下，并产生被冒犯的不适感。所以和异性开玩笑的时候，一定要注意尺度，以免损害个人形象。

» 不要总和同事开玩笑

职场之内，人和人的性格与身份地位各不相同，开玩笑的时候也应该因人而异。在和同事相处的过程中，我们可以和关系较好、性格较为宽容的人开些无伤大雅的小玩笑，但是也要适量、适时、适当。玩笑开得恰到好处，能够起到缓和气氛、融洽人际关系的作用，但是总开玩笑的话，我们的个人形象容易被打上"不成熟""不踏实"的标签，同事对于我们的尊重之心也会减弱，极有可能在无形之中得罪人，影响到自己的职业前途。

探秘自我沟通——认识、提升、超越

　　在太阳神阿波罗的神庙门上，古希腊智者曾经留下了这样的警训："人啊，认识你自己！"而中国古代的道家学派创始人老子也曾说过："知人者智，自知者明。胜人者有力，自胜者强。"及时地认识自我、了解自我能够帮助我们发现自己身上的潜能，将自己的才干通过更为适合的方式展现出来，与这个世界进行最佳沟通。

"我是谁?"
——做一个自我观察者

你了解自己吗?你真正关注过自己的内心吗?扪心自问过"我是谁"这样的问题吗?在这个世界上,每个人都处于不断成长的过程中,在这个过程中,我们经历的事情越多,我们身上发生的改变就越明显,我们自身的能力、态度、所担任的社会角色也会随之发生改变。由此导致一个人认识自己、了解自己是一件非常难得的事情。因为我们或许并没有发现自己的改变,还在用老眼光来给自己定义人生价值。

也许很多人都认为最了解自己的莫过于自己。实则不然,中国有句古话叫:"当局者迷,旁观者清。"因为人都是更多地关注自己,在某些时候会本能地进行自我美化,所以有时候我们眼中自己的真实度是掺有水分的,我们对自己的了解程度可能还没有身边那些朝夕相处的朋友们了解得深。当你觉得"我是这样的"时候,或许别人看待你的印象却是"他是那样的"。

一个盛满了白开水的杯子放在桌子上,杯子认为自己就是一杯水，可能是来自岩石空隙中的地下水，也可能是来自地表之下的浅层水。

杯子正在思考的时候，主人端起杯子把里面的水喝掉了，然后把新榨的橙汁倒进了杯子里，杯子这时候又想："看来我是一杯橙汁，也许我来自美国的'阳光之州'佛罗里达，或者我来自巴西。"

过了没多久，主人又把橙汁喝掉了，然后把牛奶倒了进去。杯子又想："看来我前两次都猜错了。好吧，我其实是一杯牛奶。那么我来自哪头奶牛呢？"

旁边的抽纸盒见状，忍不住发话了："别瞎猜了，愚蠢的家伙，你只不过是一个玻璃杯罢了。"杯子不信，正要和抽纸盒争论，这时主人拿起杯子把牛奶喝掉，然后放在水龙头下冲洗了一番，又放在了桌子上。杯子看着自己透明的身体，这才明白抽纸盒说的没有错，它并不是什么水、橙汁或者牛奶，它只不过是一个玻璃杯罢了。

想到这里，杯子有些沮丧，叹息道："原来我只是个杯子啊。"抽纸盒安慰它说："这有什么好难过的，你虽然只是一个玻璃杯，但你能盛放所有的饮料啊，这不正是你的优势吗？"杯子听完抽纸盒的话恍然大悟，虽然自己不能给主人解渴，但自己能够盛放所有主人想喝的液体啊！看来，我也不是自己想的那样毫无用处嘛！

由此可见，认识自己、明确地知道"我是谁"是人们走向成功的关键因素。成功而优秀的沟通是建立在知己知彼的基础之上的，自我沟通就是"知己"，是认识自我、了解自我的过程。我们可以这样理解，沟通的成功常常来源于自我认识的成功，自我认识的成功能够带来沟通的成功，自我沟通的成功是人生成功的决定因素之一。

很多人都觉得自我沟通没什么必要，难道自己还不够了解自己吗？答案是肯定的，如果中肯地评价自己，估计很多人都会踌躇不定。原因就在于我们的确不够了解自己。这个世界是不断改变的，人的心境和性格也会随着外界的变化而不断地发生改变，谁能轻易地给自己定位呢？谁又能确定他人评价自己的言辞是中肯而全面的呢？现代社会，每个人身上都贴有各种各样的标签，如"白领""八〇后""文艺青年""小米发烧友"等，这些五花八门的标签代表着他们和这个时代、这个社会的联系，也代表了他们的某些身份定位。有的时候我们往往被这些标签限制，很难深入准确地了解自己、认准自己的社会角色和定位。

中西方的古人早就知道了积极主动地认识自己的重要性，所以留下了许多名言警句。在太阳神阿波罗的神庙门上，古希腊智者曾经留下了这样的警训："人啊，认识你自己！"而中国古代的道家学派创始人老子也曾说过："知人者智，自知者明。胜人者有力，自胜者强。"及时地认识自我、了解自我能够帮助我们发现自己身上的潜能，将自己的才干通过更为适合的方式展现出来，与这个世界进行最佳沟通。

"我有哪些优点和缺点？"
——贵在自知之明

《论语》中曾子有言："吾日三省吾身：为人谋而不忠乎？与朋友交而不信乎？传不习乎？"意为：我每天都要多次自我检讨："为他人出谋划策做到尽心尽力了吗？和朋友相交做到诚信以待了吗？老师所传授的东西今天温习了吗？"其实曾子三省吾身的过程，就是在进行自我沟通。

叩问自己的灵魂，有没有按照自己的道德标准去为人处世，这是君子的处世之道，这样的自我沟通也是与他人进行有效沟通的基础。正如《孙子兵法》中说："知彼知己，百战不殆；不知彼而知己，一胜一负；不知彼不知己，每战必败。"只有了解自己和敌人，根据自身的优势和敌方的劣势及时调整策略，避其锋芒，以己之长攻彼之短，在前进的道路上才能够做到无往而不胜。

唐初武德年间，秦王李世民发动玄武门事变，杀死太子李建成和齐王李元吉，登上帝位，是为唐太宗。突厥颉利可汗认为李世民刚即帝位，国情不定、民心不稳，内部矛盾亟待解决，正是进攻的好时机，便和突利可汗合兵二十万，大举入侵唐朝边境，一路攻城拔寨，攻打到了泾州。

唐将尉迟敬德率兵和突厥交战于泾阳，虽有小胜但没有伤及突厥主力，突厥仍是气焰嚣张，屯兵渭水河北岸，并派出了大将执失思力前往探听朝廷的虚实。李世民知道自己一旦示弱，颉利可汗必定会肆无忌惮地纵兵大肆杀戮，所以他果断命人扣下执失思力，亲自带兵前往渭水河边，斥责颉利可汗背弃盟约。

没多久，各路唐军也纷纷到来，一时间烟尘动地，旌旗蔽空。李世民先令各路大军排兵布阵，又继续问颉利可汗："你以前与我们有盟，今日出兵袭扰，为何不守信用？"颉利可汗被问得哑口无言，又一看大将执失思力去而未返，而唐兵阵容强大，整齐划一，并不像他们所想得那么不堪一击，便向李世民求和。

当时李世民手下的将领纷纷上前请战，但李世民知道自己刚刚继位，民心不稳，社稷不定，不具备发动大规模战争的条件，而且老百姓如今的生活也经不起战争的消耗，最明智的选择是停止战争，与民休息。倘若和隋炀帝三征高句丽一样不顾民生，必然会遭到百姓的反对，而狼子野心的突厥也并不会因为当前打一仗就能够被彻底平定，就算赢得一时，突厥必然心生怨恨、伺机报复，到时候肯定后患无穷。

经过对敌我双方的仔细分析之后，李世民决定采取"将欲取之，必固与之"的策略，同意突厥的求和，先发展国力，等到突厥兵骄马惰的时候再一举消灭。李世民赐给颉利可汗大量金帛之后，颉利可汗就此退兵，大唐的边境得到了暂时的安定。

如果李世民没有仔细分析敌我双方的差距，贸然与突厥开战，免不了要重蹈隋炀帝的覆辙。所幸他了解大唐的国情，也了解突厥的实力和秉性，选择了恰当的策略，为唐朝的崛起赢得了宝贵的时间。这就是"知己知彼，百战不殆"的成功应用，这种"知己知彼"的军事思想也同样适用于沟通。

人贵有自知之明。遗憾的是，很多人并不了解真正的自己，比如：自己是什么性格的人？自己的能力怎么样？自己的强项是什么？兴趣又是什么？我适合什么样的工作？我为人处世的态度怎么样？我在这个社会中的定位又是什么？如果让我们来回答这些问题的话，想必大多数人都可以给出明确的答案，但这些答案却未必是正确的。

为什么我们在很多时候却无法做到"知己知彼"，尤其是"知己"呢？

不自知的原因之一便是自尊大于自卑，总以为自己是完美的、没有缺陷的，看不到自身的不足，也听不进去别人的负面评价。用下面这个传说来解释最合适不过：造物主造人之初给人的身上放了两个袋子，放在前面的袋子里边装满了每个人的优点，背在后边的袋子里则装满了自身的缺点。每个人都背着这两个袋子向前走，在大街上举目四望，所看到的除了自己身上的优点，就剩下别人身上的缺点了，很少有人会回过头看自己身后的缺点。所以，对自己了解得不够充分也就并不奇怪了。

如果我们对自己的认识不足，过度地高估自己、好高骛远，则很有可能一事无成，甚至连累其他人。纸上谈兵的赵括就是最典型的例子。

战国时期，赵国的大将赵奢智勇双全，骁勇善战，曾经以少胜多，打退了秦军的入侵。战功卓著的赵奢被赵惠文王重用。赵奢有一个儿子名叫赵括，他受父亲赵奢影响，对军事十分感兴趣，自幼熟读兵书，很多人和他谈论军事，都难以占半点上风，就连他的父亲赵奢有时候也说不过他。

对此，赵括非常得意，时日一长，竟然认为自己已经天下无敌，缺的就是一战成名的机会。赵奢非常担心骄傲的儿子将来会闯祸，曾多次说赵括没有经历过战争，只不过是纸上谈兵罢了，如果将来国君不把他提拔为大将还好，一旦把他任命为大将，那么赵军必然会被他带向失败的深渊。

几年后，野心勃勃的秦军又发动进攻，廉颇带着赵军和秦军打起了消耗战。廉颇知道赵国的兵力不能与秦军正面抗衡，只能通过消耗战来削弱秦军的实力。双方僵持了半年，秦军远离国土，眼看粮草快没了，到时候不用跟赵军打，饿得双眼发绿光的秦军就会先溃散。

此时，秦国的丞相范雎使出了反间计，派出间谍，在赵国的邯郸散布谣言，说廉颇老迈，懦弱畏战，恐怕过不了多久就要投降秦军了，又说秦国最怕的是赵奢的儿子赵括，因为他比他的父亲还要有计谋。一时间邯郸城内谣言四起，赵国君臣上下慌乱不已。

赵孝成王看廉颇跟秦军僵持了这么久始终没有进行大规模的战争，他早就怀疑廉颇是不敢应战，就想着换一个人去代替廉颇打退入侵的秦军。现如今听到谣言后，他立刻召来赵括，说道："寡人听说，你比你的父亲还要智勇双全，我想把你派到长平接替廉颇的位置打败秦军，你有获胜的把握吗？"

赵括信誓旦旦地说："这有什么难的，如果是秦将白起，我可能还要多番筹划，毕竟白起有'战神'之称，战无不胜，攻无不克，我跟他打，胜负尚有悬殊。但如今秦将是王龁，王龁不过是趁着廉颇懦弱畏战的时机才能打到长平，我领兵作战的话，打退秦军不在话下。"赵孝成王看他分析得头头是道，又胸有成竹的样子，也非常高兴，当即把赵括任命为上将军，取代了廉颇的位置，让他去攻打秦军了。

廉颇一走，赵括便一改廉颇的作战方针，生搬硬套《孙子兵法》上的"兵贵速，不贵久"。要求士兵不要再畏畏缩缩，而是与秦军奋勇作战。恰巧接到消息的秦将王龁带着三千士兵上前叫阵，赵括立刻率领一万士兵迎战，以多压少，秦军自然不敌。赵括看自己一上来就打了场胜仗非常高兴，志得意满的他甚至派人前往秦军的军营下战书。王龁不但没有应战，反而带着兵退后了十里。赵括以为秦军这是被自己一战打怕了，心中更加得意，传令士兵要生擒王龁，以彰显赵国国威。

次日，赵括率军和秦军交战，赵军连连取胜。赵括不知中了秦军的诱敌深入之计，亲自带领大军前去追杀秦军。结果，被秦军围起来打，赵军腹背受敌，死伤惨重。突围时，赵括被秦将白起埋伏下的弓箭手射中，当场身亡。赵括一死，赵军军心大乱，一时间四处溃逃，四十万赵军被秦军尽数坑杀。

如果赵括能够及时地认清了自己能力上的不足——缺乏实战经验，认识到双方的实力悬殊，也许这样的悲剧就可以避免。但历史不能假设，我们只能够借鉴历史，从前人的失败中总结经验，作为自己前进路上的指引。

不自知的原因之二就是自卑大于自尊，总是把自己看得很低很低，以为自己一无是处、什么事也做不成。有这么一则寓言故事说的就是因为自卑而无法实现与自身良好沟通的道理：

在浩瀚无垠的海面上，一朵小小的浪花整天唉声叹气，因为它身边比他大的浪花多了去了，它不明白上天为什么要把它生得那么渺小。别的浪花境遇都非常好，它却只能够每天拍打着黑乎乎的礁石，它觉得痛苦极了。

有一天，它的抱怨被一朵大浪花听到了。大浪花说："你现在之所以这么痛苦，是因为你被你现在波浪的形体所迷惑，没有认清楚自己的本来面目。等你有一天看清自己，你就不再会感到痛苦了。"

小浪花奇怪地问道："我本来面目不是浪花吗？还能是什么呢？"

大浪花说道："每一朵浪花本质上都是水，你也不例外。抛开你的本来面目，看看这片波澜壮阔的海域吧，这才是我们的本体啊。"

也许每个人都曾有过和小浪花同样的困惑，看不清楚自己的本来面目，沉浸在困惑和痛苦中无法自拔，这个时候，我们就需要和自我进行积极而乐观的沟通，深入了解自己，找准自己的定位，认清楚自己的优势和缺点，充分进行自我了解之后，再调整自己为人处世的态度和策略，就能够让带着自信的我们离成功更近一步。

不自知的原因之三就是过于相信和迷恋外界对自己的评价，听到赞美就飘飘然，全然不顾事实究竟是否如此。北宋诗人苏轼的《题西林壁》一诗说："横看成岭侧成峰，远近高低各不同。不识庐山真面目，只缘身在此山中。"对自我沟通而言，我们对自己的认识是庐山的一部分，别人眼中对我们的认识也是庐山的一部分，但庐山的真面目到底是什么样的，身在庐山之中去观察，必定会眼光狭隘、视线受阻，是无法看得全面细致的。所以我们在认识自我的时候也要注意跳出"庐山"去观察庐山的真面目，不要被外界的夸赞和表扬迷住了眼睛，那样会导致偏听偏信，用审视的态度正确地认识自我的优点和缺陷，才能够找到自己的位置和应该前进的方向。

举世闻名的犹太裔物理学家爱因斯坦，曾经收到以色列当局的一封信，在信中，以色列政府大力赞美了爱因斯坦，并诚恳地邀请爱因斯坦前去担任以色列总统一职。以色列是犹太国家，一个犹太人当上犹太国家的总统，可谓无上的荣幸，但爱因斯坦却婉言谢绝了以色列政府的邀请，这让很多人感到震惊。爱因斯坦说："我整个一生都在同客观物质打交道，因而既缺乏天生的才智，也缺乏经验来处理行政事务以及公正地对待别人，所以，本人不适合如此高官重任。"

　　在面对命运如此的宠幸之下，爱因斯坦没有被突如其来的荣耀冲昏头脑，而是准确地认识到了自己的长处和不足，所以他拒绝了不适合自己的工作。我们完全可以从爱因斯坦的故事上进行思考，找准自己的优势，了解并发掘自己的潜能坚持走下去，不被周遭的繁华所诱惑，那么，我们在迈向成功的路上就能够披荆斩棘、一往无前。

"我在哪里？"
——不同的平台创造不同的价值

　　山上有一家香火旺盛的寺庙，寺庙里每天都有大量的游人和香客前来进香。进香的香客往往都有着这样或那样的烦恼，寺庙里的小和尚看着来来往往的香客不由得开始思考自己人生的价值。可他怎么想也想不明白，难道每天念念经、敲敲木鱼、扫扫地就是自己人生的最大价值，就是自己的人生归宿了吗？小和尚想到了寺庙的住持，住持可是寺庙中最睿智的人了，于是小和尚去找住持提出了自己的疑问。

　　住持说："你去后山挑一块石头回来，然后拿去集市上卖。如果有人问你价钱的话，你不要讲话，伸出两个指头就好了；要是有人跟你讨价还价，你就不要卖了，直接抱回来。到时候我再告诉你人生的最大价值是什么。"

　　小和尚听完乖乖地跑去后山，搬了一块光滑圆润的大石头回来。吃过斋饭后，小和尚一路背着大石头下山来到了集市上。集市上卖什么的都有，人声鼎沸好不热闹。小和尚找了个地方放下石头，坐下来开始售卖。

　　集市上的人看到这一幕都非常惊奇，围着小和尚看热闹。终于人群中走出一个家庭主妇，她笑眯眯地走上前蹲下来问小和尚："你这石头怎么卖呀？"小和尚按照住持的吩咐伸出了两个指头，主妇问道："两块钱？"小和尚想从山上背下这块石头这么辛苦，两块钱实在太便宜了，便摇摇头，不肯卖。主妇接着问道："那是二十块钱吗？那样的话也行，我刚好可以搬回去压酸菜。"小和尚又有点不好意思了，这只不过是一个随处可见的平淡无奇的大石头罢了，后山多的是，怎么好收施主二十块钱呢？小和尚想了想，抱着石头跑出了集市。

　　回到山上，小和尚跑到主持的房间，向住持汇报自己卖石头的见闻："住持，今天我去山下集市上卖石头时，一位女施主竟然愿意花二十块钱买我这不起眼的石头，不过我没好意思骗她，就没有卖。您可以告诉我，我人生中的最大价值是什么了吗？"住持笑着说："不着急，你明天吃过斋饭，再背着石头去博物馆旁边卖。要是有人问价钱的话，你还是只伸出两根指头，等到别人第一次出价的时候，你就摇摇头，如果他还价，你就不要卖了，把石头抱上山，我再告诉你答案。"

　　第二天一大早，小和尚又背着石头来到了博物馆旁边，一人一石的组合引起了游客们的注意。这些游客围在一起，七嘴八舌地讨论道："这小和尚为什么要把这块看上去普普通通的石头放在博物馆旁边卖呢？""这石头哪里普通啦，看看这光滑圆润的外观，再看看这石头的光泽度，怎么看也知道这不是一块普通的石头啦，而且一个小和尚卖的石头肯定有玄机，只是我们道行太浅看不透天意啊！"

大家正讨论着，人群中突然挤出一个西装革履的人，他走上前蹲下身子，摸了摸石头问道："小师父，你这石头怎么卖？"小和尚不说话，只是伸出两根手指，那人问道："两百块？"小和尚吃了一惊，心想一块破石头还能卖到两百？但他没有表现出来，只是遵照住持的嘱咐摇了摇头，那人想了想说："两千块就两千块吧！我把它买回去能雕成一尊威严的神像。"小和尚心里又是一惊，天呐！一块破石头两千块都有人买，这也太离谱了吧！可是小和尚仍旧没有卖掉大石头，而是把它背回了山上。

回去之后，小和尚又将自己的见闻告诉了住持，小和尚说："我都不敢想，就这么一块石头居然能卖两千块钱，我觉得不能骗人就没卖，又给背回来了。"住持听了忍不住笑起来说："赶明，你再把这块石头拿到山下的古董店去卖。还是按照我之前跟你说的，有人问价，你就伸两根指头，等他出价了你再摇头，他如果还价，你就把石头抱回来。等你回来，我一定告诉你人生的最大价值是什么。"小和尚乖乖地回去了。

第三天，他又抱着那块大石头来到了古董店里，古董店的顾客也非常多。不多会儿，人们开始围着这块石头品头论足，有人说这块石头看着像一块天然风景石，还有人说这石头像是唐宋时期的紫金石，非常具有收藏价值。小和尚听着他们的话，眼观鼻、鼻观心地一言不发。

人们商讨了很久，终于有一个人走过来问价。小和尚伸出两个指头，对方半信半疑地问道："两万？"小和尚的吃惊已经明显地表露在了脸上，但问价的人看到小和尚的表情以为自己出价太便宜而惹得小师父不高兴，就连忙改口道："我说错了，我刚才想说的是二十万，我给你二十万，你把这石头卖给我吧！"小和尚听完吓了一跳，抱着石头就跑回了山上的寺庙。

小和尚马不停蹄地冲到住持面前说："住持，刚才有一位施主要出二十万来买我的石头。真是吓死我了，我的石头真的这么值钱吗？您让我出去卖石头到底有什么目的，跟我的人生价值又有什么关系呢？"

住持捻着念珠说道："那我问你，这块石头的价值是多少？二十？两千？二十万？它只不过是一块石头，放在山上它一文不值；放到集市上，它能够帮助主人家压酸菜，所以值二十块钱；放在博物馆里，那个人买回去能够雕成一尊神像，所以它值两千块钱；在古董店里卖，它被人买回去收藏，能够清心、益智、长寿、陶冶性情，所以它的价值更高。你不就像这块石头一样吗？你把自己放在菜市场上，值几十块钱；把自己摆在博物馆里，能值几千块钱；但如果你把自己摆在古董店里，价值就成倍地增加。你得明白你自己是谁、应该在什么地方、到底能起到什么作用，想明白这些，给自己定好位，你就会知道自己人生最大的价值究竟是什么了。"小和尚似懂非懂地点了点头。

后来，由于山中多雨，上山的路上有一段石阶坏掉了，香客们经过这段路的时候都得提着万分小心，因为之前好几个香客都不小心从这里摔了下去，伤得十分严重。于是，小和尚把那块曾经价值二十万的大石头搬去和众多平淡无奇的石头一起砌成了新的石阶。看着无数的香客从稳固的石阶踏过，再也没有任何一个游客因为山路难行而摔倒，小和尚感到非常欣慰，这时他才明白了住持所说的话。

不同的平台，不同的定位，得出来的人生价值是完全不同的。小和尚卖石头的故事告诉了我们一个道理，一个人要想知道自己的人生价值，首先要认准自己的定位，其次要明白自己能够起到的作用是什么，这样才能在正确的位置上实现自己的价值。

的确如此，不同的环境之下人们能够学到的东西和创造出的价值都是不同的。一瓶矿泉水，在批发市场上可能只是几毛钱；放到路边摊上能卖到一块钱；在景区买一瓶矿泉水，我们可能要花上双倍甚至三倍的价钱；但到了高级会所，一瓶水甚至能卖到几十块。也许有人会问，水不就是解渴用的吗？买那么贵的水除了解渴难道还能起到别的作用？常见的康师傅、娃哈哈等饮用水只卖几块钱，但法国依云水能够卖到几十块，而比依云水更贵的瓶装水也有。堪称全世界最奢侈的日本天然矿泉水 Fillico，瓶身的图案是由施华洛世奇水晶和黄金涂层结合而成的，零售价是每瓶一百美元，每月还限售五千瓶，折合成人民币为六百多元。而被称为贵族王室专用矿泉水的法国 CHATELDON，甚至卖到几千块一瓶。这些高端水除了所用水源具有稀缺性这一特点之外，还能够满足消费者追求特别和高端人生的心理需求。一瓶高端饮用水既能够体现自己的身份，又能在高档品牌中寻找精神寄托，在有经济能力的情况下，人们又何乐而不为呢？

这就是个体在不同的平台所体现的不同价值，一瓶水的价值尚且有如此大的差异，那么，作为一个有理想有追求的人，我们就更应该思考了："在我们的人生中，究竟要如何定位自己，要给自己找一个什么样的舞台？"换言之，我们想做的是批发市场上的一瓶矿泉水，还是摆在高级会所中的一瓶高端饮用水呢？

"怎样超越自我？"
——创造精彩的未来和非凡的人生

　　我国古代流传着很多佛教的故事，其中有一则说的是高僧弘忍为了传承衣钵，专门设下论佛会，请众僧前来研讨佛法，以便考验众位僧人对佛法理解的深浅。

　　在论佛会上，高僧弘忍让在座的每个僧人作一首佛偈。当时，僧人中的后起之秀神秀当场作了一首佛偈："身是菩提树，心如明镜台。时时勤拂拭，莫使惹尘埃。"此佛偈一出，众位僧人都深以为然，纷纷称赞神秀对佛法的领悟之高深。一时间这首佛偈被寺庙中的僧人广为传颂。

　　另外一名僧人慧能没有参加论佛会，而是在自己的房间里研习佛法，听到众僧传颂神秀的佛偈之后，慧能认为神秀的这首佛偈并没有充分理解佛法的精深，便将这首佛偈稍作改动，改成了："菩提本无树，明镜亦非台。本来无一物，何处惹尘埃。"随后，慧能请人把改动后的佛偈刻在了墙上。

　　寺庙中的僧人见到慧能所作的佛偈更为惊艳，都认为慧能对佛法的理解更为高深。高僧弘忍见到这首佛偈之后，也甚为惊异，当夜便派人将慧能请到禅房中，与他坐而论道，畅谈佛法，来测试慧能的禅学造诣深浅。经过一番讨论之后，弘忍认为慧能的确是一个对佛法非常有研究的人，便把自己的衣钵传授给了慧能。

从这两首佛偈中，我们可以看出来慧能对佛法理解更为高深。但生活中，我们不需要像慧能一样做到如此的超凡脱俗、远离尘世，我们能做的便是如神秀所作的那首佛偈一样：经常进行自我认知、自我思考、自我反省，不让自己的心中落有尘埃。因此，正确认识自我，是我们走向成功的关键，也是我们超越自我的关键。

有人曾经提出这样一个问题："在这个生物种类繁多的世界中，哪个生物的力气最大呢？"有人说是大象，一只成年的大象能够把一颗粗壮的树木连根拔起；有人说是鲸鱼，在浩瀚的海洋中，鲸鱼甚至能够撞翻一艘远洋巨轮；也有人说是蚂蚁，因为这些看上去不起眼的小东西，竟然能够举起超过它们本身体重十多倍的物体；还有人说是植物的种子，因为种子发芽的力量甚至能够击穿人类的头盖骨。

人类的头盖骨密度非常高，结合得紧密且牢固。很多生物学家和解剖学家曾经绞尽脑汁，想要把人的头盖骨完整地分开，但他们尝试了很多种方法都没有成功。后来，有一个人突发奇想，把一些植物的种子放在了需要剖析的头盖骨中，并给予这些种子适当的温度和水分，让它们有了能够发芽的条件。结果，惊人的一幕出现了：

这些种子在发芽的时候，释放出的力量竟然把一切机械力都没能完整分开的头盖骨分开了。

这令许多人震惊不已，谁能想象到，就是这样一颗再微小不过的种子，居然有这样强大的力量！如果我们仔细思考的话，也许我们会很容易明白，在生活中，无论处在多么恶劣的环境之中，总会有一些看上去平淡无奇随处可见的植物向着阳光不断地生长，不论压在它们身上的是砖石瓦砾还是钢筋混凝土，它们都能够顽强不屈地进行拼搏，这种不断超越自己的精神不得不让人钦佩。

其实不管是能够连根拔起大树的大象、能够撞翻远洋巨轮的鲸鱼，还是能够举起超过自身重量十多倍的蚂蚁，抑或是能够击穿人类坚硬头盖骨的种子，它们所做的事情，正是对自我的超越，而人类也从来没有停止过超越自我的步伐。

古雅典的著名政治家、雄辩家德摩斯梯尼，一生下来就有口吃的毛病，嗓音也极为纤细，说话的时候像个娇弱的小姑娘在喃喃自语，甚至还和很多口吃者一样有着挤眼、耸肩、跺脚等附带动作。

然而，最不幸的是，德摩斯梯尼如热爱自己的生命一般热爱演讲，这仿佛是上天给他开的一个恶意玩笑。但是德摩斯梯尼从来没有抱怨上天为什么唯独要给他这样一个缺陷，他没有因为自己口吃的毛病就放弃他所热爱的演讲。

德摩斯梯尼对自己的要求非常苛刻，付出了多于常人许多倍的努力：他不辞辛苦地前去向当时著名的演说家请教发音方法和辩论技巧；为了改掉自己气短和容易口吃的毛病，他常常一边攀爬着陡峭的山峰，一边大声地朗诵；为了改善自己的发音问题，他每天在嘴里含着一枚小石子朗读诗文，并迎着剧烈的风和不断起伏的海浪练习演讲；平时在家里，他则是早起晚睡地对着家里的一扇大镜子练习演讲；为了改掉自己说话耸肩的坏毛病，他甚至在自己的肩膀上方悬挂了两把剑。经过不懈的努力，德摩斯梯尼终于超越了自己，成了一名举世闻名的雄辩家。

从一个口吃者到一个能言善辩的雄辩家，可以说，德摩斯梯尼创造了一个奇迹。德摩斯梯尼的故事也告诉了我们一个道理，通过不断的努力去与自己沟通，在不断的沟通中超越原来的那个自己，能够让我们的生命上升到一个新的高度，让生活揭开不一样的精彩篇章。

有人曾经总结过人一生中的三次成长：第一次成长是在发现自己不是世界中心的时候；第二次成长是发现有些事情，无论我们付出怎样的努力，仍然无法改变结局，束手无策、无能为力的时候；第三次成长是明知道事情结局难以改变，也想咬着牙坚持下去，哪怕只有一丝丝遥不可及的希望，也不愿意轻言放弃的时候。

其实，第三次成长不正是我们对自己的超越吗？只不过很多人都在经历过第二次成长之后，便沉浸在无能为力的失落中无法自拔，再也提不起奋斗的勇气，所以才会埋没在茫茫人海中，安于碌碌无为的生活，和成功永远地失之交臂。还有一些人沉浸在微不足道的胜利中沾沾自喜、得意忘形，停止了继续努力的步伐，直到被他人超越，从当初的首屈一指到落于人后，止步于暂时的胜利，无法更进一步，更不用说超越自己了。

那么，我们怎样才能够做到超越自我呢？

首先，我们要具备的是一个坚定的信念，这是一个人超越自我、取得成功的关键因素。我国历史上不乏有这样信念坚定的人，西汉时期伟大的史学家、文学家司马迁，曾经饱受牢狱之灾和腐刑之苦，但正是因为他继承了父亲的遗志，秉承着"通古今之变，成一家之言"的坚定信念，才会面对极刑毫无怯色，忍辱负重，写出了为鲁迅先生所盛赞"史家之绝唱，无韵之《离骚》"的中国第一部纪传体通史《史记》。

其次，除了坚定的信念之外，我们还需要有坚强的态度。

美国的自行车运动员兰斯·阿姆斯特朗被大众称为"传奇英雄"，其原因除了他运动生涯的辉煌之外，还有他对于生命的坚强态度。

在一次比赛中，阿姆斯特朗的队友卡萨特里在完成比利牛斯山一个非常艰苦的爬坡之后，在下坡的时候，和另外一群选手撞到了一起，头部严重受伤，不久，因医治无效而死亡。曾经携手参加过无数场比赛、经历过无数风雨的队友就这样猝然离世，无疑令阿姆斯特朗悲痛万分。他曾无比难过地说："就在卡萨特里去世的前一天晚上，我们还曾在一起吃了晚饭。他的去世是我这一生最痛苦的回忆，在自行车比赛中任何一次失败和失望都无法与此相比。"

失去并肩作战的队友令阿姆斯特朗伤心欲绝，而外界频频传出的关于他服用禁药的谣言更让他愤怒不已。可以说他是自行车运动史上被检查尿样频率最高的车手了，但每一次比赛的药检结果都明确地显示：阿姆斯特朗的尿样完全符合国际自行车联合会公布的药检规定。但谣言依旧屡禁不止，很多人甚至不愿意相信真相，一厢情愿地认为他是一个作弊、不光彩的选手。然而，阿姆斯特朗没有想到还有更大的灾难在等着他。

1996年，年仅二十四岁的阿姆斯特朗罹患癌症，等到医生检查的时候才发现病变的细胞已经扩散到了阿姆斯特朗的脑部和肺部。医生说他存活下来的概率只有30%，阿姆斯特朗毅然决定鼓起勇气赌上一把。结果，上天眷顾了这个顽强而勇敢的年轻人，在经过切除肿瘤、开颅手术和化疗等一系列治疗之后，阿姆斯特朗的癌症痊愈了！

两年后，健康的阿姆斯特朗重新返回自行车队。当有人问及他曾经那段痛苦不堪的经历时，阿姆斯特朗平静地说："我能够生存下来，已经是一个奇迹。"他甚至无比感激地在自己的自传中写道："患上癌症，可能是我生命中遇到的最好的事情，因为经历了痛苦，你变得更加坚强，而自行车运动需要坚强。"

正是阿姆斯特朗这种坚强的人生态度，陪着他渡过了一个又一个难关，让他不断地超越自己，为自己的生命增添了别样的辉煌。

再次，要做到超越自己，我们还需要莫大的勇气。从自然界的一种生物——蝴蝶来看，我们就能发现勇气所发挥的巨大作用。每一只蝴蝶都是由一条丑陋的毛毛虫蜕变而来的，化蝶的过程无疑是要置之死地而后生，它们只有在茧中不断地改变自己的身体，在时机成熟的时候破茧而出，才能够以更新更高的姿态去重新观察和认识这个世界，迎来不一样的生活。试问，换作我们，在不破不立的紧要关头是否有着置之死地而后生的勇气呢？在遭遇了挫折和失败的时候，我们又是否有东山再起的魄力？

超越自我是一个向内、漫长、伟大的沟通过程，在这个过程中，我们能够令自己的眼界不断得到开阔，令自己的心灵变得更加充盈，令自己的品格更加坚忍、优秀，令我们走向成功的步伐更为坚定，也让我们拥有不平凡的、更加精彩的人生。